Bond Management

Vereinigung Technischer Analysten Deutschlands (VTAD)
Fachbuchreihe Band 2

Anton Bonnländer, Diplom-Betriebswirt, ist Geschäftsführer von BDV Consult, Unternehmensberatung für Banken und Versicherungen. Zuvor Ausbildung bei der Bundesbank, Tätigkeiten in der Vermögensverwaltung für Privatkunden bei einer Großbank, Beratung von institutionellen Großanlegern bei einer Kapitalgesellschaft.

Anton Bonnländer

Bond Management

Analyse und Optimierung von Renten-Portfolios

Campus Verlag
Frankfurt/New York

Die Deutsche Bibliothek – CIP-Einheitsaufnahme

Bonnländer, Anton:
Bond-Management: Analyse und Optimierung von
Renten-Portfolios / Anton Bonnländer. –
Frankfurt/Main; New York: Campus Verlag, 1995
Fachbuchreihe / Vereinigung Technischer Analysten Deutschlands; Bd. 2)
ISBN 3-593-35385-7
NE: Vereinigung Technischer Analysten Deutschlands: Fachbuchreihe

Umschlaggestaltung: Atelier Warminski, Büdingen
Druck und Bindung: Fuldaer Verlagsanstalt, Fulda
Gedruckt auf säurefreiem und chlorfrei gebleichtem Papier.
Printed in Germany

Inhaltsverzeichnis

Vorbemerkung

Die Eigenanlagen sind in allen Bankengruppen seit den achtziger Jahren stark gewachsen. Dieser Trend hält auch in den neunziger Jahren an. Die Struktur des Depot A, wie die Eigenanlagen noch genannt werden, unterscheidet sich in den Bankengruppen. Für Sparkassen und Genossenschaftsbanken dient das Depot A vorwiegend als Ersatzkreditnehmer – bei den Großbanken hingegen werden die Eigenanlagen dynamisch gemanagt und enthalten neben Renten auch Aktien und Fremdwährungspapiere.

Die Ertragsverantwortlichkeit für das Depot A nimmt im Rahmen der Aktiv- und Passivstrukturen der Bankbilanzen zu. Zinseinschätzung und Absicherung von Zinsertragsrisiken sind gefordert. Zusätzlich dazu müssen die Anlageentscheidungen strategisch richtig positioniert werden, um einen dauerhaften Ergebnisbeitrag zu liefern. Eine schwierige Aufgabe, die moderne Asset Allocation und gutes Timing an den Märkten erfordert.

Auch für den professionellen Privatanleger wird es immer wichtiger, ein solides Instrumentarium für die eigenen Anlageentscheidungen zu finden. Für diesen Personenkreis ist das Buch geschrieben. Erstmals werden technische Analyse, quantitative Methoden, fundamentale Analysewerkzeuge und derivative Möglichkeiten im Renten-Management miteinander verknüpft. Ziel ist es, nicht nur einen Überblick zu vermitteln, sondern „step by step" in die Details einzusteigen. In Details, die nachvollziehbar sind und die zum eigenen Nachdenken und Umsetzen anregen.

1 Das Zielsystem des Portfolio-Managers

Unter welchen Vorgaben hat ein Portfolio-Manager heute zu arbeiten?

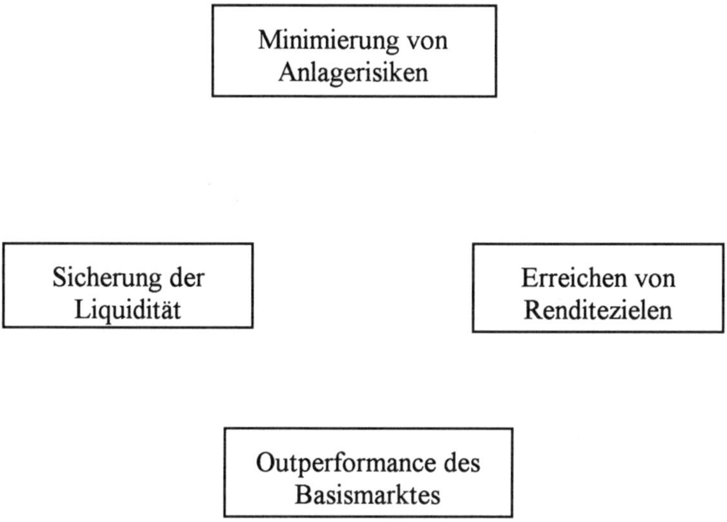

Die Rentenmärkte gewinnen schon seit Jahren an Dynamik und an Volatilität. Dieser Entwicklung ist Rechnung zu tragen. Technisch orientierte Strategien in den Handelsbüros der großen Banken, Verstärkung der Trendorientierung durch derivative Instumente und die zunehmende Bedeutung der Eigenhandelsergebnisse in den Jahresabschlüssen der Kreditinstitute zeigen die starke Bedeutung der Rentenmärkte für die Kreditwirtschaft auf.

Die Methoden und Werkzeuge des Portfolio-Managers reflektieren stark diese veränderte Umgebung. Wechselbeziehungen zwischen Rentenmärkten, Devisenkursentwicklungen, das Verhalten der Rohstoffmärkte, sogar politische Einflüsse versucht man mittlerweile zu quantifizieren und auszuwerten. Althergebrachte Erfahrungswerte scheinen nicht mehr zu „funktionieren". Neue und schnelle DV-Technik ermöglicht Analysen und Auswertungen in Rekordzeiten – die globale Verflechtung der Märkte tut ein übriges.

Auf die folgenden „Bewertungsansätze" für Rentenmärkte soll in diesem Werk näher eingegangen werden:

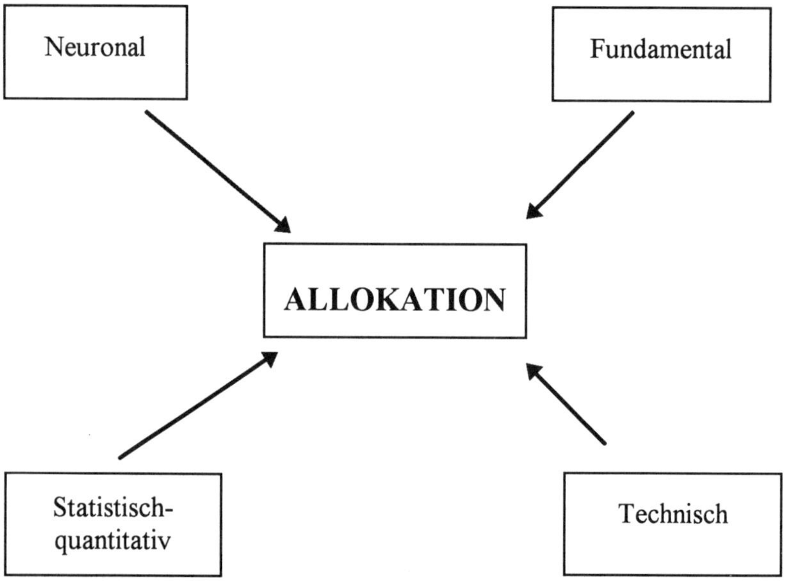

Eine gute Allokation bringt selbstverständlich entsprechende Resultate. Dies zeigt nachfolgende Grafik. Die Wertentwicklung ist auf DM-Basis berechnet.

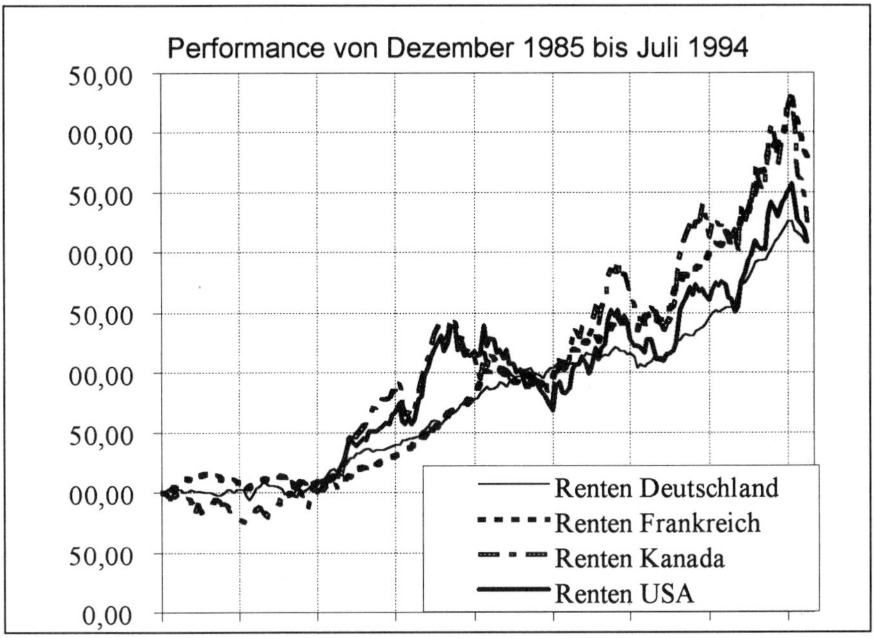

Die Bewertung von Chancen und Risiken eines Marktes ist wichtig für eine fundierte Diversifizierung. Vorgehensweise und Entscheidungsfindung sind Thema des folgenden Kapitels, das die Berechnungsmethodik zum Inhalt hat.

2 Quantifizierung von Zielen und Risiken

2.1 Statistische Werkzeuge

2.1.1 Standardabweichung

Die Standardabweichung ist ein Medium, mit dem der Praktiker die Volatilität eines Einzelwertes oder eines ganzen Marktes messen kann.

Warum ist dies so wichtig?

Diese Kennziffer gibt Auskunft über die Höhe der Chancen und Risiken in der Vergangenheit. Je höher die Standardabweichung ausfällt, desto größer ist die Wahrscheinlichkeit von starken gewinn- oder verlustbringenden Kursbewegungen.

$$\text{Standardabweichung} = \sqrt{\frac{\sum_{t=1}^{n}(x-\bar{x})^2}{n-1}}$$

Auf den ersten Blick erscheint die Berechnung kompliziert – ein Zahlenbeispiel soll die Berechnungsweise und den Nutzengehalt des Berechnungsergebnisses verdeutlichen:

Wir haben folgende monatliche Kursbewegungen eines Zerobonds:

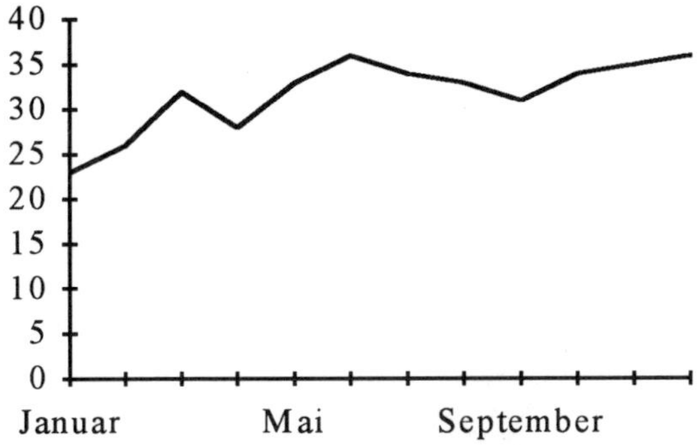

Ultimo	Kurs	Kursgewinn in %	Kursgewinn – Mittelwert	Ergebnis zum Quadrat
Dezember	22			
Januar	23	4,5455	–0,1239	0,0154
Februar	26	13,0435	8,3741	70,1259
März	32	23,0769	18,4076	338,8384
April	28	–12,5000	–17,1694	294,7869
Mai	33	17,8571	13,1878	173,9176
Juni	36	9,0909	4,4216	19,5501
Juli	34	–5,5556	–10,2249	104,5489
August	33	–2,9412	–7,6105	57,9203
September	31	–6,0606	–10,7300	115,1322
Oktober	34	9,6774	5,0081	25,0807
November	35	2,9412	–1,7282	2,9866
Dezember	36	2,8571	–1,8122	3,2841
Mittelwert		**4,6694**		
Summe dividiert durch 12 (Monate) –1				**109,6534**
Wurzel daraus				**10,4716**

Die Standardabweichung von 10,4716% besagt, daß der Kurs des Zerobonds innerhalb eines Jahres um 10,4716% nach oben oder nach unten schwanken kann.

Modellhaft läßt sich dies folgendermaßen verdeutlichen:

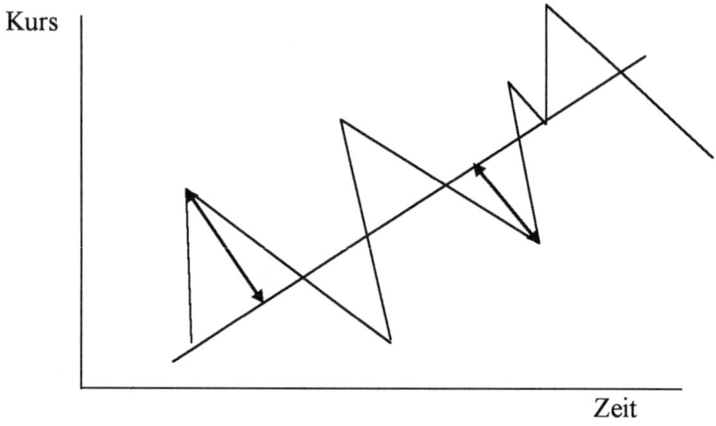

Es wird das Ausmaß der Schwankungen gemessen und nicht die Richtung!

In der nachfolgenden Tabelle werden die Rentenmärkte Welt, Europa und Deutschland auf die Risikostrukturen hin untersucht. Der deutsche Rentenmarkt wurde zusätzlich aufgespalten in drei Laufzeitklassen. Die gesamte Analyse beruht auf den MSCI-Rentenindizes bis Juli 1994. Der Zeitraum von Juli 1984 bis Juli 1994 bildet die Grundlage für die ersten beiden analysierten Zeiträume:

Risiko	Welt	Europa	Deutschland	1–3 Jahre (D)	3–7 Jahre (D)	7–10 Jahre (D)
5 Jahre	10,67%	5,02%	4,86%	1,66%	3,27%	5,14%
10 Jahre	9,93%	–	4,50%	–	–	–
Durchschn. 5 Jahre	9,58%	–	4,98%	1,76%	3,25%	5,09%
Durchschn. 10 Jahre	9,67%	–	5,02%	–	–	–

Um solide Aussagen zu treffen, sollte mindestens ein Zeitraum von 5 Jahren für eine Untersuchung zugrunde gelegt werden. Bei der durchschnittlichen Betrachtung (Zeile 3 und 4 der obigen Tabelle) wurden 136 verschiedene 5-Jahres-Zeiträume und 78 unterschiedliche 10-Jahres-Zeiträume analysiert.

Interessant ist, daß die Abweichung des aktuellen 5-Jahres-Bereichs vom Durchschnitt aller analysierten 5-Jahres-Bereiche gering ausfällt.

Zieht man zur Betrachtung den Ertrag hinzu, so kommt man zu folgendem Bild:

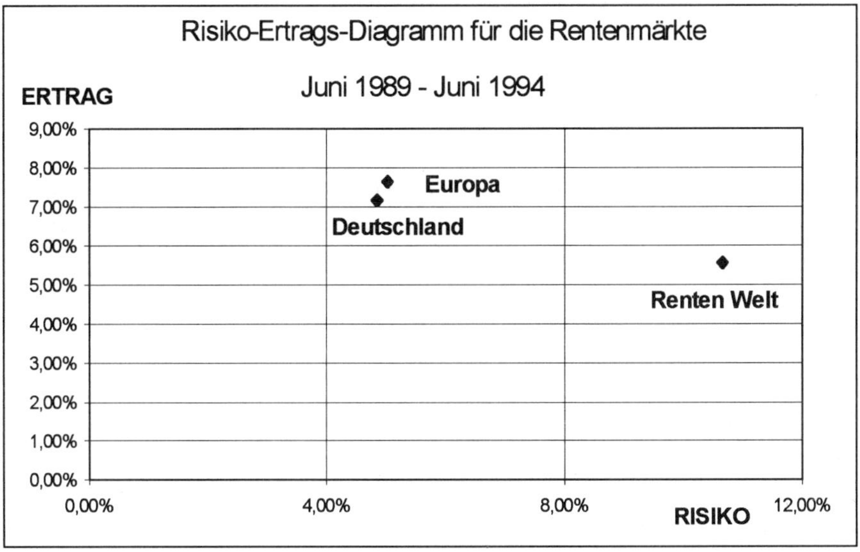

Die Standardabweichung verändert sich mit der gewählten Zeiteinheit. Je größer die Zeiteinheit ist, desto höher fällt natürlich die Standardabweichung aus. Eine Umrechnung von einer Zeiteinheit in eine andere, z. B. um Zeiträume vergleichbarer zu machen, ist ohne weiteres möglich:

Man multipliziert die ursprüngliche Zeiteinheit mit der Wurzel aus der gewünschten Zeiteinheit. Angenommen, eine Standardabweichung von 20% soll von einem Jahr auf ein Quartal umgerechnet werden.

$$\text{Quartal} = \frac{90 \text{ Tage}}{360 \text{ Tage}} = 0{,}25 \text{ Jahre}$$

$$\sqrt{0{,}25} = 0{,}5$$

$$0{,}5 * 20 = 10\% \text{ Standardabweichung pro Quartal}$$

Möchten Sie eine Standardabweichung von einem Jahr auf 4 Jahre umrechnen?

$$\sqrt{4} = 2$$

$$2 * 20 = 40\% \text{ Standardabweichung für 4 Jahre}$$

2.1.2 Kovarianz

Die Kovarianz ist der Durchschnitt aus den beiden miteinander multiplizierten Abweichungen von der jeweiligen durchschnittlichen Kursveränderung.

$$\text{Kovarianz} = \frac{\Sigma(x_i - \bar{x}) * (y_i - \bar{y})}{n - 1}$$

Die Kovarianz mißt die absolute Streuung zweier unterschiedlicher Merkmalsträger.

Sie zeigt auf, ob ein positiver oder negativer Zusammenhang zwischen zwei Märkten besteht. Das positive Vorzeichen der Kovarianz deutet auf einen linearen, gleichgerichteten Zusammenhang der Märkte. Ein Problem dabei ist allerdings, daß die Streuungsanalyse in der Dimension der Merkmalsträger stattfindet – einfach ausgedrückt: Ein sinnvoller Vergleich von Zahlenwerten mit unterschiedlichen Dimensionen, beispielsweise einer einstelligen Zahlenreihe und einer Datenreihe mit Werten im sechsstelligen Bereich, ist schlichtweg nicht möglich. Eine Lösung dieses Problems findet sich in der Korrelationsanalyse, die nachfolgend beschrieben wird.

Hierzu ein Zahlenbeispiel:

	Renten Frankreich	Renten Australien			Kovarianz
	x	y	x – mx	y – my	
Jan 92	1,68	1,06	0,20	– 0,49	– 0,10
Feb 92	0,85	3,02	– 0,62	1,47	– 0,92
Mär 92	– 0,93	4,69	– 2,40	3,14	– 7,55
Apr 92	0,90	2,86	– 0,58	1,31	– 0,75
Mai 92	2,91	– 1,27	1,44	– 2,82	– 4,05
Jun 92	– 1,37	– 3,49	– 2,85	– 5,04	14,34
Jul 92	– 2,20	0,68	– 3,68	– 0,87	3,20
Aug 92	– 0,01	– 11,63	– 1,49	– 13,18	19,58
Sep 92	4,34	1,21	2,87	– 0,34	– 0,98
Okt 92	3,48	7,27	2,00	5,72	11,46
Nov 92	– 0,05	1,04	– 1,53	– 0,51	0,78
Dez 92	1,34	3,78	– 0,13	2,23	– 0,30
Jan 93	2,78	0,07	1,30	– 1,48	– 1,93
Feb 93	2,51	9,81	1,04	8,26	8,55
Mär 93	3,08	1,76	1,61	0,21	0,33
Apr 93	1,23	0,89	– 0,24	– 0,66	0,16
Mai 93	0,56	– 1,77	– 0,91	– 3,32	3,04
Jun 93	4,07	3,94	2,60	2,39	6,20
Jul 93	– 0,68	10,07	– 2,15	8,52	– 18,36
Aug 93	2,44	– 4,31	0,97	– 5,86	– 5,66
Sep 93	1,16	– 7,46	– 0,32	– 9,01	2,84
Okt 93	0,60	9,65	– 0,88	8,10	– 7,09
Nov 93	1,47	– 0,25	– 0,01	– 1,80	0,01
Dez 93	5,24	5,63	3,77	4,08	15,35
Summe	**35,40**	**37,25**			**38,17**
Mittelwert	1,48	1,55			

Kovarianz = 38,17 : 23 = 1,65956

2.1.3 Korrelation

Die Korrelation ist eine weitere Stufe in die lineare Analyse. Sie überprüft nicht nur als statistisches Maß, ob überhaupt ein Zusammenhang besteht. Sie mißt auch die Stärke und die Richtung des Zusammenhangs zwischen zwei Zahlenreihen, beispielsweise die Kursentwicklung zweier Rentenmärkte oder zweier Einzeltitel.

Sie bewegt sich in einer Skala von -1 bis +1; eine Korrelation von -1 bedeutet, daß beide Zahlenreihen sich exakt gegenläufig verhalten, bei +1 ist ein absoluter Gleichlauf der Kurse vorhanden. Um diese Kursentwicklung mathematisch besser in den Griff zu bekommen, wählt man auch hier die monatlichen Kursveränderungen als Grundlage. Die Korrelation wird durch den Korrelationskoeffizienten ausgedrückt. Die Berechnung erfolgt mittels Vergleich von Kovarianz und Standardabweichung der beiden analysierten Märkte.

Die Korrelation ist von großer Bedeutung für die Zusammenstellung von Portefeuilles. Man kombiniert Anlagen, die wenig oder negativ miteinander korrelieren. Dadurch erreicht man ein besseres Risk-Return-Verhältnis–im Idealfall kann man sogar das Risiko wegdiversifizieren.

Positive Korrelation

Steigen die Kurse des einen Wertpapiers, so steigt das zweite ebenfalls. Im Falle eines Kursrutsches fallen **beide** Titel.

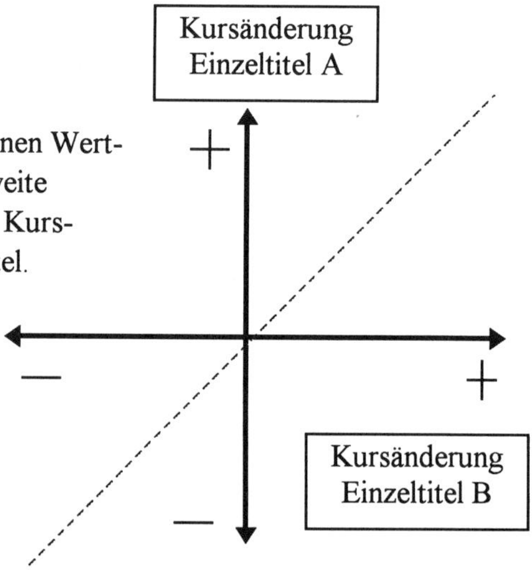

Negative Korrelation

Eine negative Kursveränderung von Wertpapier A wird durch eine positive Kursentwicklung des Wertpapiers B ausgeglichen.

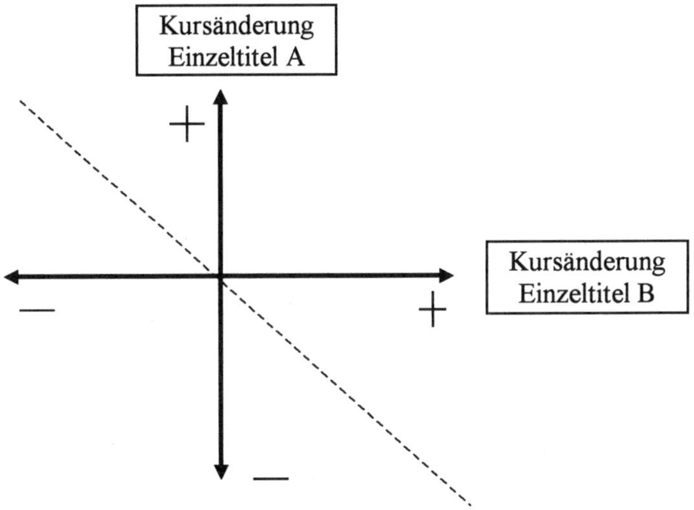

Eine Korrelation von 0 bis + 0,3 oder – 0,3 besagt, daß keinerlei Zusammenhang zwischen den beiden Kursverläufen besteht.

Wie läßt sich nun der Grad der Korrelation bestimmen?

Dies geschieht über den Korrelationskoeffizienten nach Bravais-Pearson. Dieser weist den Vorteil auf, daß er die tatsächlichen Werte der vorliegenden Daten analysiert und gleichzeitig dimensionsunabhängig ist.

$$\text{Korrelationskoeffizient} = \frac{n * \sum x * y - \sum x * \sum y}{\sqrt{\left[n * \sum x^2 - (\sum x)^2\right] * \left[n * \sum y^2 - (\sum y)^2\right]}}$$

Hierzu ein Zahlenbeispiel:

	Renten Frankreich x	Renten Australien y	x*y	x quadriert	y quadriert
Jan 92	1,68	1,06	1,78	2,82	1,12
Feb 92	0,85	3,02	2,57	0,72	9,12
Mär 92	– 0,93	4,69	– 4,36	0,86	22,00
Apr 92	0,90	2,86	2,57	0,81	8,18
Mai 92	2,91	– 1,27	– 3,70	8,47	1,61
Jun 92	– 1,37	– 3,49	4,78	1,88	12,18
Jul 92	– 2,20	0,68	– 1,50	4,84	0,46
Aug 92	– 0,01	– 11,63	0,12	0,00	135,26
Sep 92	4,34	1,21	5,25	18,84	1,46
Okt 92	3,48	7,27	25,30	12,11	52,85
Nov 92	– 0,05	1,04	– 0,05	0,00	1,08
Dez 92	1,34	3,78	5,07	1,80	14,29
Jan 93	2,78	0,07	0,19	7,73	0,00
Feb 93	2,51	9,81	24,62	6,30	96,24
Mär 93	3,08	1,76	5,42	9,49	3,10
Apr 93	1,23	0,89	1,09	1,51	0,79
Mai 93	0,56	– 1,77	– 0,99	0,31	3,13
Jun 93	4,07	3,94	16,04	16,56	15,52
Jul 93	– 0,68	10,07	– 6,85	0,46	101,40
Aug 93	2,44	– 4,31	– 10,52	5,95	18,58
Sep 93	1,16	– 7,46	– 8,65	1,35	55,65
Okt 93	0,60	9,65	5,79	0,36	93,12
Nov 93	1,47	– 0,25	– 0,37	2,16	0,06
Dez 93	5,24	5,63	29,50	27,46	31,70
Summe	**35,40**	**37,25**	**93,11**	**132,80**	**678,92**

Maßkorrelationskoeffizient =

$$= \frac{24 * 93{,}11 - 35{,}40 * 37{,}25}{\sqrt{(24 * 132{,}80 - (35{,}40)^2) * (24 * 678{,}92 - (37{,}25)^2)}}$$

$= 0{,}170596418$

Dies bedeutet, daß zwischen den beiden Rentenmärkten Australien und Frankreich kein linearer Zusammenhang besteht, also,

- daß beide Märkte sich gegenseitig nicht beeinflussen,
- ein Engagement aus Diversifikationsgründen in beiden Ländern sinnvoll sein kann,
- eine verlustreiche Marktbewegung in einem Land nicht durch eine positive Kursveränderung im anderen Land ausgeglichen werden muß, aber ausgeglichen werden kann.

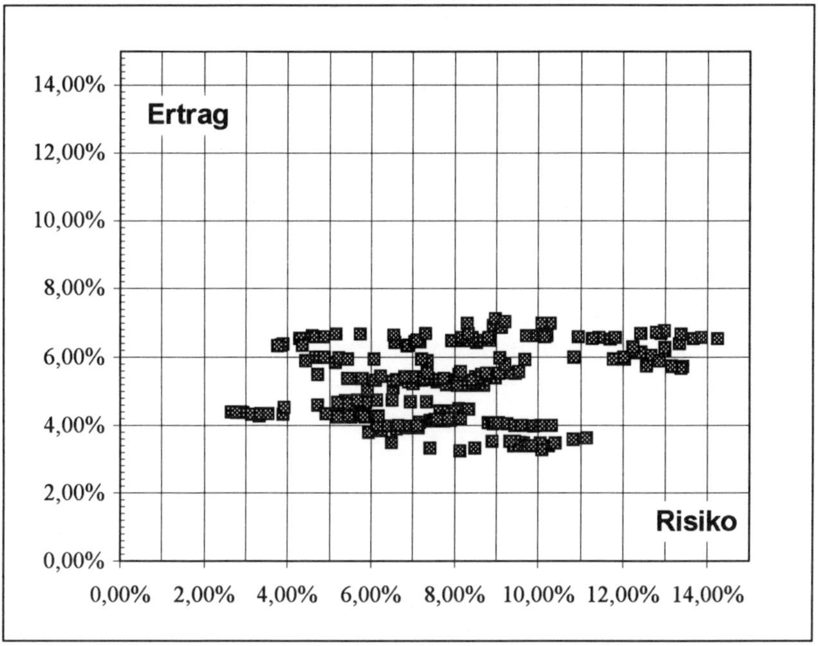

Bei einem Portfolio, das aus internationalen Einzeltiteln mit obigen Risk-Return-Profilen besteht, lassen sich durch Kombinationen von Einzeltiteln Erträge stabilisieren und Risiken eliminieren.

2.1.4 Saisonfigur

Saisoneinflüsse, die regelmäßig wiederkehren, lassen sich ermitteln. Daraus kann man Rückschlüsse auf die zukünftige saisonale Entwicklung treffen. Die Vorgehensweise ist relativ einfach:

Die ermittelten Werte der Vergangenheit werden herangezogen, um den langfristigen Durchschnitt zu bilden.

Zeitreihe = Trend + zyklische Schwankungen um den Trend + saisonale Einflüsse

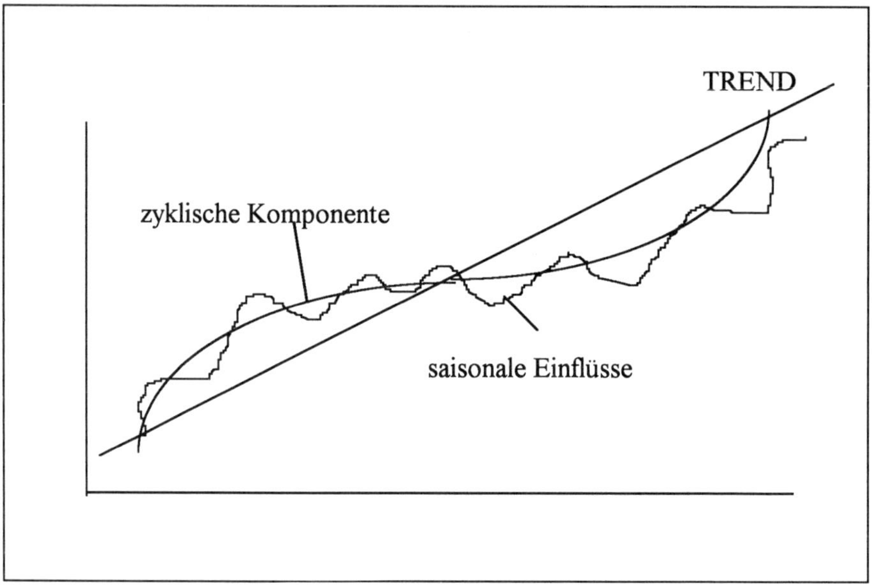

Wenn es gelingt, die saisonalen Einflüsse aus dem Trend und der Zyklik auszufiltern, so kann man unter Umständen die Saisonalität in künftige Zeitperioden fortschreiben. Aus dieser Saisonalität können dann Allokationsstrategien entwickelt werden, die sich diese „Bewegungsmuster" eines Marktes im Jahresablauf zunutze machen.

In der nachfolgenden Tabelle werden die durchschnittlichen monatlichen und jährlichen Veränderungsraten untersucht, um eine eventuelle Saisonalität festzustellen und zu quantifizieren. Die Saisonfigur wird dann dazu benutzt, die aktuellen Veränderungen um Saisoneinflüsse zu bereinigen. Ein kleines Beispiel soll dies illustrieren: Angenommen, man hat im Monat Mai die Saisonkomponente – 0,4 und der aktuelle Renditewert für eine bestimmte Anleihe beträgt im Monat April 7,95% – die eigene Markterwartung geht von unveränderten Zinsen aus – so kann das bedeuten, daß sich die Rendite dieser Anleihe aus rein saisonalen Gründen von 7,95% um ca. 0,3 – 0,4% vermindert. Die Signifikanz von saisonalen Mustern sollte nicht nur in toto, sondern auch in mehreren fraktalen Zeiträumen überprüft werden.

<u>Hierzu ein Zahlenbeispiel:</u>

Jahr	Jan.	Feb.	....	....	Nov.	Dez.	Jahres-mittel
1959	5,80	5,70	....	....	5,90	6,00	5,78
1960	6,20	6,20	....	....	6,20	6,20	6,32
1961	6,10	6,10	....	....	6,00	6,00	5,91
1962	5,90	5,90	....	....	6,20	6,20	6,01
1963	6,10	6,10	....	....	6,10	6,00	6,09
1964	6,00	6,00	....	....	6,30	6,30	6,19
....	....	....	....	....	....	....	....
1988	5,90	5,70	....	....	6,00	6,20	6,03
1989	6,50	6,90	....	....	7,80	7,10	7,07
1990	6,00	8,70	....	....	9,10	9,00	8,57
1991	9,10	8,70	....	....	8,70	8,70	8,74
1992	8,30	8,20	....	....	7,40	7,40	8,13
1993	7,10	6,90	....	....	5,60	5,60	6,33
1994	5,50	5,80	....	....	7,41	7,40	6,73
Monats-mittel	**7,24**	**7,33**	....	....	**7,48**	**7,38**	**7,41**
Saison-figur	**-0,17**	**-0,08**	....	....	**0,07**	**-0,03**	

Die Grafik zeigt die durchschnittlichen saisonalen Abweichungen im Jahresverlauf auf. Es werden die Abweichungen des Monatsmittels vom Mehrjahresmittel berechnet.

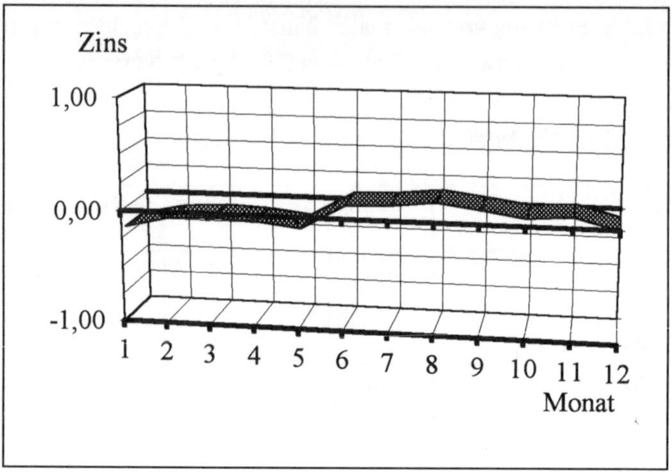

Dieses Verhaltensmuster läßt sich auch an der durchschnittlichen Zinsrate des deutschen Rentenmarktes ablesen.

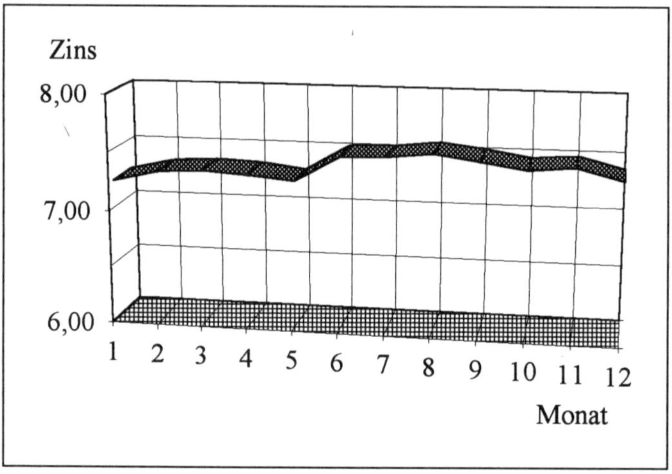

In der Grafik wurde aus der Entwicklung der Umlaufrendite von 1959 bis 1994 der durchschnittliche monatliche Zinssatz ermittelt. Interessant ist die Analyse der Saisonfiguren auch in Phasen des Zinsumschwungs. So ist in der nachfolgenden Grafik eine typische saisonale Strukturentwicklung für eine nach oben gerichtete Zinswende ablesbar.

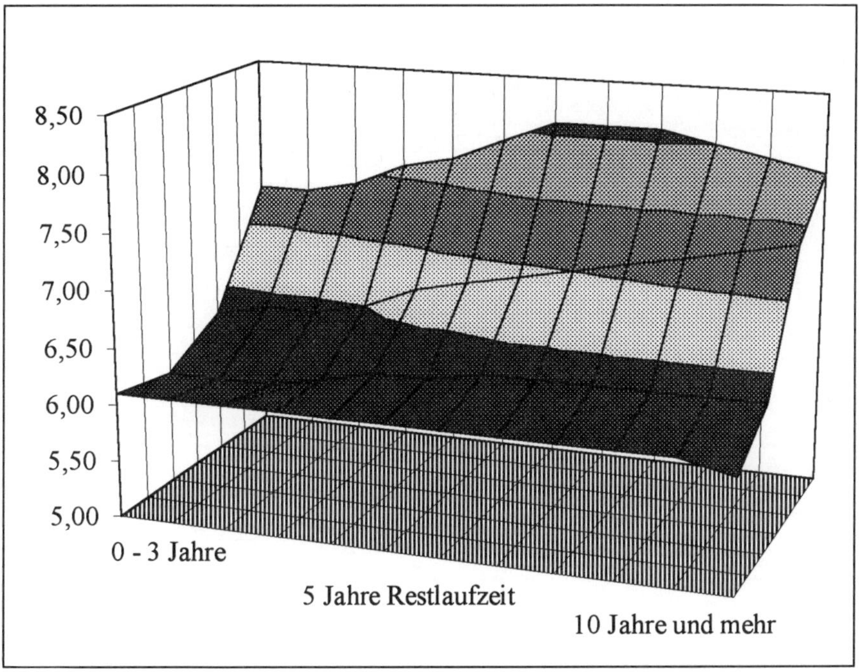

Zu Beginn der Entwicklung bleiben die kurzfristigen Segmente noch recht stabil. Am langen Ende bauen sich erste Verwerfungen auf, die sich dann in eine fast lineare Zinsanstiegsfunktion auflösen.

2.1.5 Beta-Faktor

Der Beta-Faktor drückt die Anfälligkeit eines einzelnen Titels oder eines Portfeuilles auf Kursbewegungen des Gesamtmarktes aus. Der Beta-Faktor von Einzeltiteln ist wenig aussagekräftig, da er sich im Zeitablauf häufig zu stark verändert; bei Portefeuilles hingegen bleibt der Beta-Faktor hinreichend stabil, wenn sich das Portfolio aus mindestens 12 Einzeltiteln zusammensetzt.

Der Beta-Faktor bezieht sich lediglich auf das Messen des Marktrisikos, nicht des Gesamtrisikos eines Portfolios.

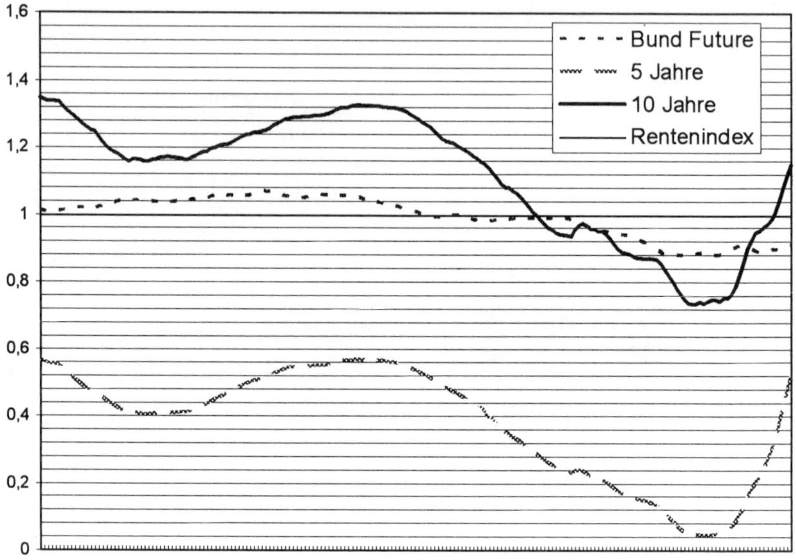

Er wird nach folgender Formel berechnet:

$$\text{Beta-Faktor} = \frac{\text{Kovarianz zwischen Portfolio und Index}}{\text{Varianz des Indexes}}$$

Der Beta-Faktor ist keine feststehende Größe – er verändert sich im Zeitablauf. Häufig verwendet man zwei Beta-Faktoren – einen kurzfristigen über 30 Perioden gerechnet und einen über 220 Tage (dies entspricht etwa einem Jahr). Durch den Vergleich der beiden werden kurzfristige Veränderungen für Spread-Analysen verwendet; also für Abweichungen vom langfristigen Trend, die sich im Zeitverlauf wieder eliminieren. Diese erwartete Annäherung an den langfristigen Wert oder Beta-Verschiebungen zwischen einzelnen Märkten respektive Marktsegmenten sind gewinnbringend zu nutzen. Trotz der teilweise beachtlichen Veränderungsraten des Betas bei Einzeltiteln bleiben Beta-Faktoren für Portfolios in aller Regel recht stabil. Dies bietet Möglichkeiten, Bonds mit stärkeren und schwächeren Beta-Faktoren gegeneinander zu arbitrieren, ohne am Gesamtportfolio gravierende Strukturänderungen vornehmen zu müssen.

2.2 Rendite- und Returnberechnungen

Nachfolgend sollen gebräuchliche Rendite und Returnberechnungen aufgelistet werden. Hierdurch ist das Erstellen von eigenen Analysen für individuelle Rentenportfolios leicht durchführbar.

$$\text{LaufendeVerzinsung} = \frac{\text{Nominalzins} * 100}{\text{Kaufkurs} + \text{Stückzinsen}}$$

Rendite (Simple-Yield-To-Maturity)

$$\text{Rendite}_{\text{einfach}} = \frac{(\text{Nominalzins} + \frac{\text{Rückzahlungskurs} - \text{Kaufkurs}}{\text{Restlaufzeit}})}{\text{Kaufkurs} + \text{Stückzinsen}}$$

Rendite (AIBD)

Zur genauen Berechnung dieser Rendite, die nach dem Barwertkonzept errrechnet wird, ist eine Interpolation notwendig. Hierbei werden beide Seiten dieser Gleichung so weit angenähert, bis sie sich entsprechen.

$$\text{Rendite}_{\text{AIBD}} =$$

$$\text{Kaufkurs} + \text{Stückzinsen} = \text{Zinskupon} * \frac{q^n - 1}{(q-1) * q^n} + \frac{\text{Rückzahlungskurs}}{q^n}$$

$$q = \frac{\text{Rendite}}{100} + 1$$

n = Jahre bis Fälligkeit

Hierzu ein Zahlenbeispiel:

Anleihe mit Restlaufzeit 3 Jahre, Kaufkurs inklusive Stückzinsen 99,85; Zinskupon 7,25%. Bei der nachfolgenden Interpolation wurde auf beiden Seiten der Diskontierungsfaktor q^n aus Vereinfachungsgründen weggekürzt.

$$\text{Rendite}_{\text{AIBD}} = 99{,}85 \;*\; q^3 = 7{,}25 * \frac{q^3 - 1}{q - 1} + 100$$

99,85 =	99,9738	bei q =	1,0726
	99,8695	bei q =	1,0730
	99,84	bei q =	1,0731
	99,8564	**bei q =**	**1,07305**

Diese Interpolation läßt sich selbst mit einem einfachen Taschenrechner näherungsweise durchführen, bequemer und exakter lassen sich Renditerechner oder PCs einsetzen.

Mathematisch wird hier so verfahren, als ob der Anleger, der heute sein Wertpapier erwirbt, die Zinszuflüsse alle wieder genau zur Kaufrendite reinvestiert. Alle zukünftigen Zahlungszuflüsse werden nach der Barwertmethode auf den heutigen Kaufzeitpunkt abgezinst.

Rendite (Moosmüller)

$$\text{Rendite}_{\text{Moosmüller}} =$$

$$(\text{Kaufkurs} + \text{Stückzinsen}) * q^n =$$

$$Zk * (1 + t * \frac{C}{100}) * q^m + K * \frac{q^n - 1}{(q - 1)} + \text{Rückzahlungskurs}$$

t = Laufzeit bis zum nächsten vollen Kupon
n = gesamte Laufzeit
Zk = nächster Zinskupon
m = Anzahl ganzjährige Zinsperioden
C = regelmäßiger Kupon

Die Moosmüller-Methode berechnet zunächst einmal den Effektivzinssatz für die einzelne Kuponperiode. Dies ist besonders dann wichtig, wenn mehrere Kupons im Jahr gezahlt werden. Stückzinsen zwischen den Zinsterminen werden nicht wie bei AIBD nach der Zinseszinsformel bewertet, sondern linear gerechnet. Hieraus erklären sich die geringen Abweichungen der beiden Methoden voneinander.

Anleihe mit Restlaufzeit 8,25 Jahre, 7,25% Kupon, Kaufkurs 99,85

$$(99{,}85 + 5{,}4375) * q^{8,25} =$$

$$5{,}4375 * (1 + 0{,}25 * 0{,}0725) * q^{8} + 7{,}25 * \frac{q^{8,25} - 1}{q - 1} + 100$$

Beide Seiten der Gleichung werden erfüllt mit q = 1,072588.
Die Rendite beträgt ergo 7,2588% p.a.

Rendite (Braess/Fangmeyer)

$$\text{Rendite}_{\text{Braeß/Fangmeyer}} =$$

$$(\text{Kaufkurs} + \text{Stückzinsen}) * (1 + (f * (q - 1))) =$$

$$Zk + K * \left[(M1 + \frac{M1(M1+1)}{2 * M} * (q - 1) \right] +$$

$$\left[K * (M + \frac{M-1}{2} * (q - 1) \right] * \left[\frac{q^{n} - 1}{(q - 1) * q^{n}} \right] + \frac{\text{Rückzahlungskurs}}{q^{n}}$$

f = erste Zinsperiode bis zum nächsten Kupon
Zk = nächster Kupon
M1 = Anzahl der Kuponzahlungen bis zum nächsten, ganzjährigen Zinstermin
M = Anzahl ganzjährige Zinsperioden
n = Laufzeit

Diese Methode hat sich wie die anderen fest in der Finanzwelt etabliert. Sie wird vorwiegend im Sparkassensektor, sowie teilweise bei institutionellen Anlegern angewandt. Eine eindeutige Präferenz für eine der genannten Methoden gibt es nicht. Das internationale Verfahren ist das der AIBD (Association of International Bond Dealers); es wird oft auch als ISMA-Verfahren bezeichnet.

Zwischen den verschiedenen Renditemethoden gilt folgender Zusammenhang:

Laufzeit nur ganze Jahre und nur eine Zinszahlung pro Jahr				
AIBD	=	Moosmüller	=	Braeß/Fangm.
Laufzeit gebrochene Jahre und eine Zinszahlung pro Jahr				
AIBD	>	Moosmüller	=	Braeß/Fangm.
Laufzeit gebrochene Jahre, einige Zinszahlungen pro Jahr				
AIBD	>	Moosmüller	>	Braeß/Fangm.

Total Return (simple)

Dieser Ansatz erfaßt den Kursbeitrag bis Fälligkeit, die während der Laufzeit wiederangelegten Zinsen und Tilgungsbeträge und den daraus resultierenden Zinseszinseffekt:

$$\frac{\text{Kurs}_{\text{Periodenende}} - \text{Kaufkurs}}{\text{Kaufkurs} + \text{Stückzinsen}} +$$

$$\frac{\text{Zinszahlungen} + \text{Stückzinszuwachs}}{\text{Kaufkurs} + \text{Stückzinsen}} + \frac{\text{Zinsertrag}_{\text{Zinsen/Tilgungen}}}{\text{Kaufkurs} + \text{Stückzinsen}}$$

Wie stark sich vor allem die Wiederanlage in ihrem Renditebeitrag auswirkt soll nachfolgend an einem fiktiven Beispiel dargestellt werden, in dem drei Anleihen verglichen werden. Alle drei Anleihen weisen die gleiche Rendite von 8% auf und besitzen die identische Laufzeit von 9,86 Jahren.

Wieder-anlage	4% Nominalzins Kurs 72,98		6 % Nominalzins Kurs 87,42		8% Nominalzins Kurs 100,00	
durch-schnittl.	Total Return	End-kapital	Total Return	End-kapital	Total Return	End-kapital
6%	7,69	208,93	7,58	207,63	7,51	205,42
7%	7,84	212,42	7,79	211,35	7,72	210,40
8%	8,00	216,05	8,00	216,05	8,00	216,05
9%	8,21	219,83	8,24	220,01	8,29	221,86
10%	8,43	223,79	8,51	226,42	8,61	227,84
11%	8,64	229,26	8,69	231,66	8,92	233,98

2.3 Der geometrische Mittelwert

Dies ist die mathematisch sauberste Lösung, die lineare Wertentwicklung des Portfolios zu messen. Die Berechnung ist einfach – ausgehend von den Total-Return-Berechnungen der einzelnen Jahre, wird die Umrechnung in eine Rendite per annum folgendermaßen vorgenommen:

Wertentwicklung =

$$\sqrt[n]{q_{\text{Wertentwicklung Jahr 1}} * q_{\text{Wertentwicklung Jahr 2}} * \dots * q_{\text{Wertentwickl. Jahr n}}}$$

Sind die einzelnen Zuwachsraten des Portfolios nicht verfügbar, so läßt sich die Wertentwicklung durch den Vergleich des Anfangskapitals mit dem Endkapital messen. Die Dimension Zeit wird ebenfalls berücksichtigt, indem man exakt die Anlageperiode in Jahren mißt und dann den umgekehrten Weg des geometrischen Zuwachses geht:

$$\text{Wertentwicklung p.a.} = \left(\frac{Endkapital}{Anfangskapital}\right)^{\frac{1}{Jahre}}$$

2.4 Total Return (währungsbereinigt)

$$\text{Total Return}_{\text{real}} =$$

$$\text{Total Return}_{\text{simple}} * \frac{\text{Total Return Devisen}_{\text{Periodenende}}}{\text{Total Return Devisen}_{\text{Periodenanfang}}}$$

Hier wird der Währungseffekt getrennt bewertet. Dies hilft, um verzerrende Währungseinflüsse bei der Analyse zu isolieren. Über diesen Weg lassen sich in Szenarioanalysen die Auswirkungen von Worst-Case und Best-Case-Devisenveränderungen auf den Total Return eines Portfolios oder von Einzelpositionen bewerten. Dieser Effekt sollte nicht unterschätzt werden.

3 Entwicklung Zinsszenarien

Die Renditekurve verhält sich im Konjunkturablauf recht typisch:

Boomphase

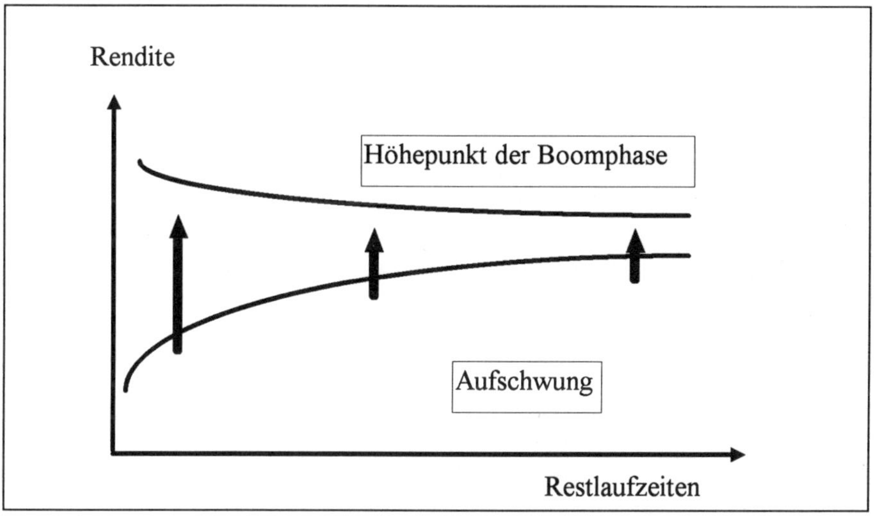

In der Boomphase steigt die Renditekurve mehr oder weniger parallel nach oben, bis sie sich dem Maximum nähert. Auf dem Höhepunkt der Boomphase ist die Herausbildung einer inversen Zinsstrukturkurve zu beobachten, die um so deutlicher ausfällt, je stärker die Marktteilnehmer vom oberen Wendepunkt des Zinsanstiegs überzeugt sind. Aufgrund der simplen Tatsache, daß Langläufer und Zerobonds die besten Kurschancen in einer Zinsabschwungphase bieten, stürzt sich der Markt auf dieses Segment. Mit der Folge, daß die Kurse im langen Laufzeitbereich nach oben schnellen und dementsprechend schnell dort die Renditen sinken.

Übergangsphase vom Boom in die Rezession

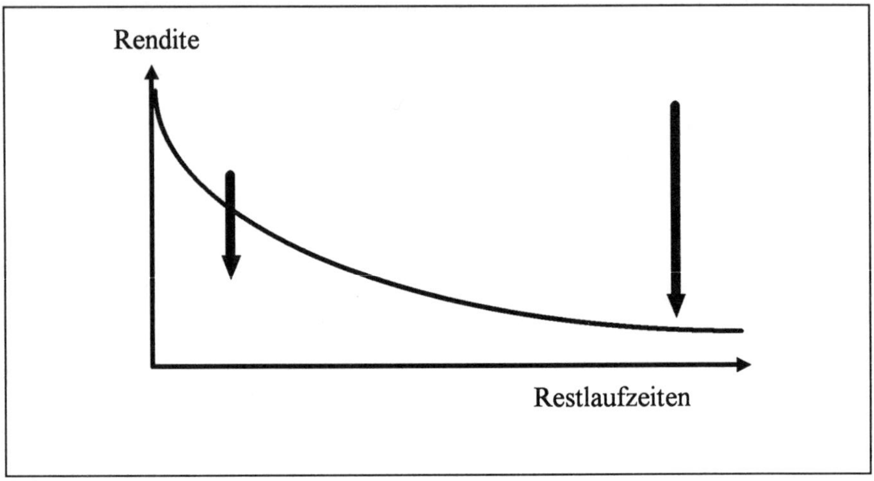

Systematisch schließt sich derselbe Prozeß nun im mittleren und später im kurzen Laufzeitbereich an; dies führt im ersten Schritt zu einer Verschärfung der inversen Struktur. Irgendwann sind die langen und mittleren Laufzeitsegmente so unattraktiv, daß durch den Abbau der hohen Renditen im Kurzfristbereich die Inversität der Zinsstruktur normalisiert wird.

Rezession wandelt sich in wieder erstarkende Konjunktur

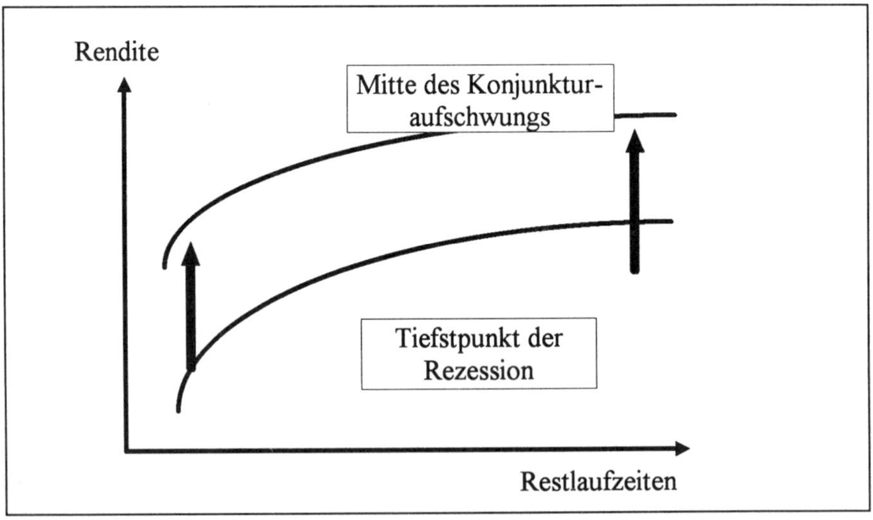

So erhält man am Ende der Rezession wieder eine zwar niedrige, aber normale Zinsstrukturkurve. Dieser Prozeß wird meist von der Bundesbank durch entsprechende Anpassungsmaßnahmen über Wertpapierpensionsgeschäfte und die Veränderung der beiden Leitzinssätze Diskont und Lombard begleitet.

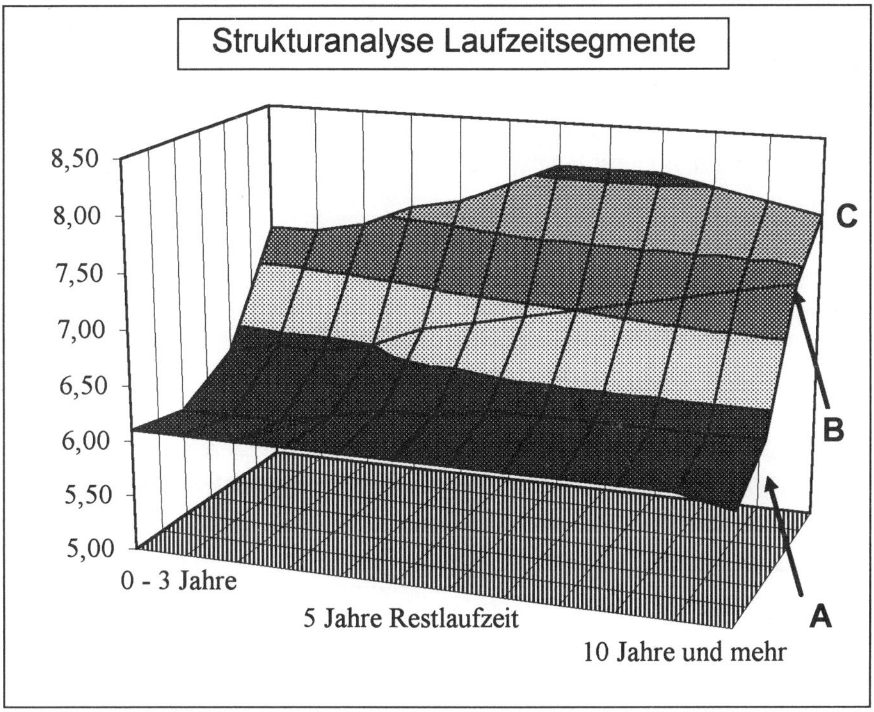

Die Entwicklungsstufen von einer niedrigen Zinskonstellation hin zu wieder steigenden Zinsen lassen sich hier gut nachvollziehen. Aus einer recht flachen Zinsstrukturkurve erhebt sich das lange Laufzeitsegment wesentlich schneller und ausgeprägter als der kurze Bereich (von Punkt A nach B). Im letzten hier dargestellten Jahreszeitraum beginnt sich die Marktnachfrage von langen Laufzeiten ins mittlere Segment zu verschieben. Dies ist deutlich erkennbar an Punkt C.

Diese typischen Verhaltensmuster der Renditestruktur am deutschen Markt lassen sich im wesentlichen durch drei Theorien erklären:

Markterwartung

Diese Theorie geht davon aus, daß die gegenwärtige Zinsstruktur die künftigen Erwartungen der Marktteilnehmer widerspiegelt. Da der Anleger ökonomisch vorgeht, wird sich bei einer vermuteten Zinserhöhung das Interesse auf kurzlaufende Bonds konzentrieren. Stehen nach Meinung der Mehrzahl der Investoren sinkende Zinstrends bevor, so werden logischerweise langlaufende Papiere erworben, um sich möglichst lange die „hohen" Zinsen zu konservieren. Hinzu kommt die Perspektive von (steuerfreien) Kursgewinnen bei Eintreffen der Erwartungen.

Die Emittenten denken genau umgekehrt. Niedrige Zinsphasen werden zur Emisssion möglichst langlaufender Papiere genutzt, im Zinshoch werden lediglich Kurzläufer ausgegeben.

Die Folge ist, daß bei Veränderung eines bisher steigenden Zinstrends in einen stagnierenden/leicht fallenden Zinsverlauf ein Überangebot von Kurzläufern einer starken Nachfrage nach langen Laufzeiten gegenübersteht. Dies führt zu einer inversen Zinsstrukturkurve, da durch die Übernachfrage im langen Bereich die Renditen fallen müssen.

Befinden wir uns hingegen in einem Zinstal, so werden durch die starke Nachfrage nach Kurzläufern die Renditen im kurzen Bereich so lange gedrückt, bis eine steile Zinsstrukturkurve ein Engagement im mittelfristigen und langen Laufzeitbereich wieder attraktiver macht.

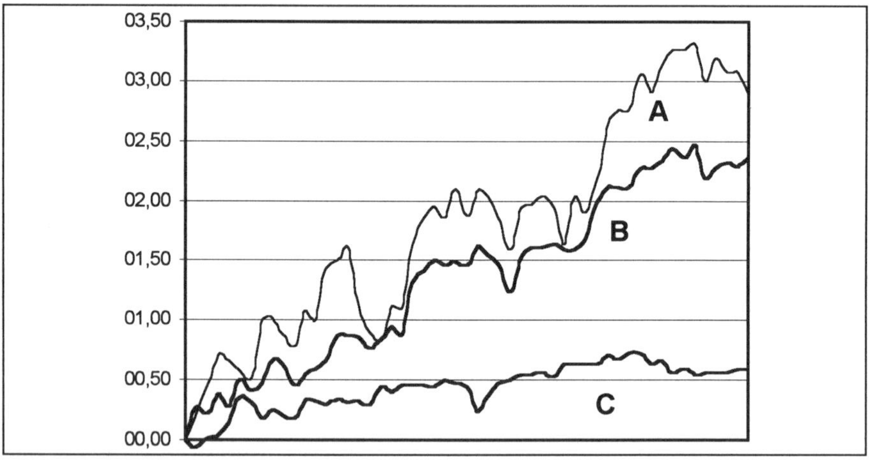

Die Grafik macht diesen Sachverhalt sehr deutlich. Abgebildet sind drei Anleihen, die sich lediglich durch ihre Laufzeit unterscheiden. Anleihe A mit einer Laufzeit von 9 Jahren reagiert deutlich stärker auf die Zinsbewegung des

Marktes nach unten als Titel C, der noch ein Jahr Restlaufzeit aufweist. Bemerkenswert ist ebenfalls, daß der langfristige Bond während des betrachteten Analysezeitraumes (2 Monate) sich immer wieder an die Anleihe C (Restlaufzeit 4 Jahre) annähert. In diesen zwei Monaten ist die Umlaufrendite von 6,7 auf 6,2 gefallen.

Liquiditätspräferenz

Kerngedanke dieser Theorie ist, daß der Zins nichts anderes ist als ein Preisindikator für Geld. Genauer ausgedrückt:

Je länger der Investor auf sein Kapital verzichtet, desto schwerer kann er unvorhergesehene Liquiditätserfordernisse befriedigen. Zugleich setzt er sich dem Zinsänderungsrisiko in um so größerem Umfang aus, je länger die Laufzeit der gewählten Kapitalanlage ist.

Für diesen mit der Länge der Laufzeit steigenden Nachteil erwartet der Anleger eine Kompensation, die nur in der Höhe des Zinses liegen kann. Die Emittenten wiederum sind gerne bereit, für eine längerfristige Verschuldung einen höheren Preis (= Zins) zu zahlen, da sie hierdurch eine zuverlässige Kalkulationsbasis für ihr Finanzierungsvorhaben erhalten.

Je kürzer die Anlagedauer ist, desto niedriger fällt konsequenterweise die Verzinsung aus.

Aufgrund dieser Theorie besteht an den Märkten im Normalfall immer eine steigende Zinskurve, auch bei Stagnationsphasen in der Zinsentwicklung eines Rentenmarktes. Das vorherige Erklärungsmodell über die Markterwartungen würde hier eine völlig flache Renditestrukturkurve konstatieren.

Die bei den langen Laufzeiten wieder abflachende Strukturkurve läßt sich durch dieses Modell ebenfalls gut begründen:

Das Zinsänderungsrisiko nimmt bei langen Laufzeiten nur noch unterproportional zu, da der Investor über die Zinszahlungen während der Laufzeit Kapitalrückzahlungen erhält. In der Kennzahl Duration, die unter anderem dieses Zinsänderungsrisiko mißt, wird dies sehr deutlich:

Marktsegment

Diese Theorie stellt auf die unterschiedlichen Investorengruppen ab. Man geht davon aus, daß es keinen einheitlichen Kapitalmarkt gibt, sondern Marktsegmente, in denen verschiedene Fristigkeiten und Emittenten offeriert werden. In jedem dieser Laufzeitsegmente bewegen sich institutionelle Anlegergruppen, die sich auf das dortige Marktangebot konzentrieren. So benötigen Versicherungen und Pensionskassen langfristig gesicherte Zinseinkünfte und darauf ausgerichtete Anlagemöglichkeiten, Geschäftsbanken hingegen bedürfen eher kurzfristiger Anlage- und Geldbeschaffungsmöglichkeiten.

Durch gesetzliche Vorschriften, durch unterschiedlich ausgeprägte Informationsmöglichkeiten über die Märkte, durch divergierende Anlageziele der einzelnen Investorengruppen treten je nach Zinssituation Angebots- oder Nachfragekonzentrationen in den unterschiedlichen Teilmärkten auf. Diese spiegeln Knappheitsverhältnisse in den einzelnen Teilmärkten der jeweiligen Investorengruppe, die nach der Theorie allerdings *nicht* dazu führen, daß die Investoren auf andere Marktsegmente ausweichen, um ihren Anlagebedarf zu befriedigen.

So entstehen durch Angebots- und Nachfrageverschiebungen die unterschiedlichen Zinsniveaus in den Marktsegmenten.

3.1 Zinsstrukturanalyse

Die Zinsstruktur läßt sich für das Ausrichten eines Bond-Portfolios auf kurze Sicht gut nutzen.

- **Ermittlung der Marktkonformität von Einzeltiteln**
- **Renditevergleich über die Laufzeiten**
- **Spreadanalyse zwischen Einzelmärkten**
- **Zinsprognose über die implizierte Zinsterminkurve**

3.1.1 Marktkonformität

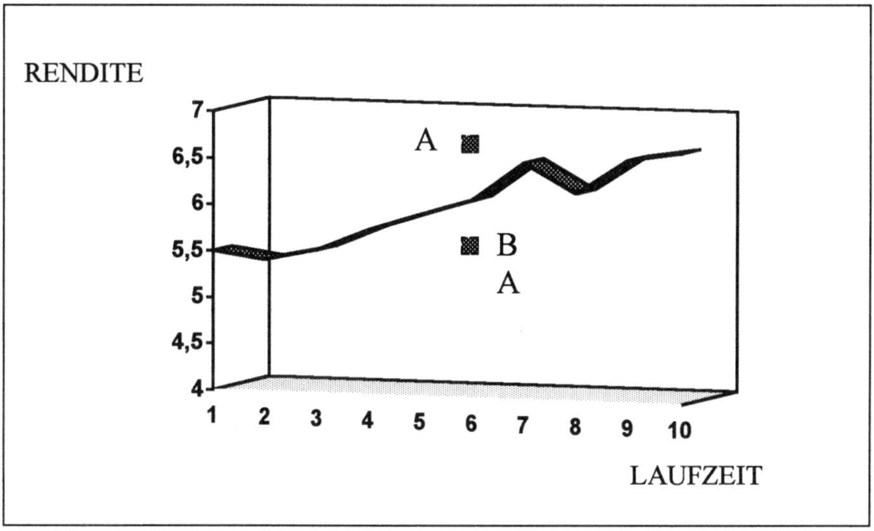

Mittels der Zinsstrukturkurve läßt sich sehr schnell feststellen, wie die Einzeltitel eines Portefeuilles im Vergleich zum Markt positioniert sind. Im obigen Beispiel werden zwei Dinge sichtbar:

Die Anleihe B befindet sich unter der Marktstruktur. Das bedeutet, es ist in jedem Fall vorteilhaft, Anleihe B zu verkaufen und die realisierten Kursgewinne in einen Titel zu reinvestieren, der auf oder über der aktuellen Renditestruktur liegt.

Anleihe A liegt deutlich über dem derzeitigen Renditeniveau, so daß bei sonst konformen Bedingungen (Bonität, Ausstattung der Anleihe im Vergleich zum Markt) ein Kauf des Titels A lukrativ erscheint.

Unterbewertete Titel werden ins Portefeuille aufgenommen, bei überbewerteten Renten werden die durch Marktverzerrungen entstandenen Kursgewinne realisiert und marktkonform reinvestiert. Diese Vorgehensweise setzt Marktnähe und Reaktionsfähigkeit sowie niedrige Transaktionskosten voraus. In den seltenen Phasen starker Zinsunsicherheit bilden sich allerdings auch für weniger professionelle Marktteilnehmer derartige Optimierungsmöglichkeiten aus.

3.1.2 Renditevergleich über die Laufzeiten

Bei einer normal verlaufenden Renditestrukturkurve, die stetig ansteigt, läßt sich anschaulich der Renditevorteil beim Eingehen einer längeren Laufzeit ablesen.

Ebenso läßt sich feststellen, welche Laufzeiten im Augenblick aus Renditegründen am vorteilhaftesten erscheinen.

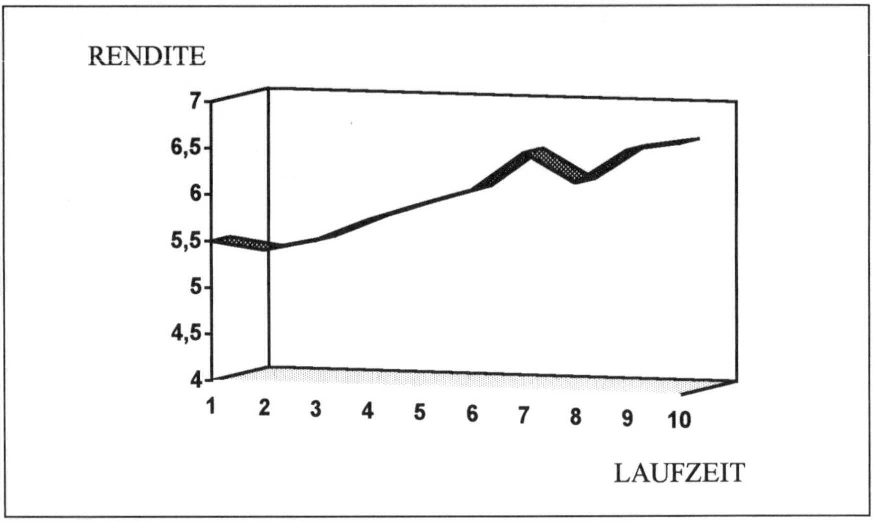

In Übergangsphasen lassen sich laufzeitbedingte Verwerfungen nutzen, wie die obige Darstellung zeigt.

3.1.3 Spreadanalyse

Die Tatsache, daß Pfandbriefe und Kommunalobligationen von der Bonität etwa auf demselben Niveau wie Emissionen der öffentlichen Hand einzustufen sind und dennoch regelmäßig höher rentieren, ist altbekannt.
Hier gibt es ebenfalls Verschiebungen im Zeitablauf, die sich für das Portfolio-Management nutzen lassen. Nachteilig wirkt sich meist der illiquide Sekundärmarkt aus. Signifikante Abweichungen der Renditedifferenz (= Zinsspread) vom langfristigen Durchschnitt machen das Umschichten von einer

Titelkategorie in eine andere attraktiv, da sich zum Renditevorteil positive Returnbeiträge über zu erwartende Marktkorrekturen addieren.

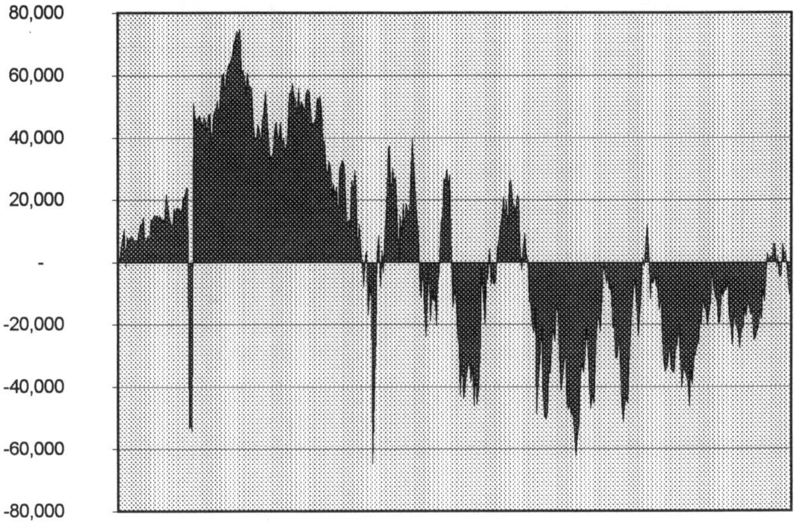

Ähnlich wirken sich Spreads aufgrund unterschiedlicher Bonitätsstufen aus. Ganz ohne Gefahren sind derartige Spreadkonstruktionen nicht, da man oft gezwungen ist, nicht nur bonitätsmäßig schlechtere Titel ins Portfolio einzugliedern – man steigt auch in illiquidere Marktsegmente ein und kann sich bei Bedarf eventuell nur schwer von unliebsamen Positionen trennen. Diese Überlegungen sollten also immer die höhere Risikopositionierung des Portefeuilles durch solche Umschichtungen mit einbeziehen.

Interessant ist ein weiterer Aspekt der Intermarketanalyse: nämlich die Frage, ob es irgendwelche Vorlaufindikatoren für die Zinsbewegungen am heimischen Rentenmarkt gibt. Im „Untergrund" arbeiten die fundamentalwirtschaftlichen Kenngrößen wie Inflation und Inflationserwartungen, Auftragslage und Konjunkturperspektiven.

Hierbei spielen allerdings nicht die konkreten Zahlen eine Rolle, sondern lediglich die Markterwartungen.

Es gibt bisher grob folgende Reaktionskette:

Goldpreis,
CRB-Rohstoffindex

Anstieg bewirkt ↘ Erhöhung von

kurzfristige
Zinsen USA

Anstieg bewirkt ↘ Erhöhung von

lange Zinsen
USA und Deutschland

Anstieg bewirkt ↘ Erhöhung von

kurzfristige Zinsen
Deutschland

Als Basisgrößen für die Zinseinschätzung dienen hierbei die Entwicklungen von

- privatem Konsum
- Staatskonsum
- Ausrüstungsinvestitionen
- Bauinvestitionen
- Vorratsveränderung
- Import- und Exportentwicklung
- Bruttoinlandsprodukt
- Gfk-Konsumklima
- Ifo-Geschäftsklima

Interessanterweise läßt sich kein signifikanter direkter Zusammenhang zwischen den Einzelindikatoren und der Zinsentwicklung herleiten.

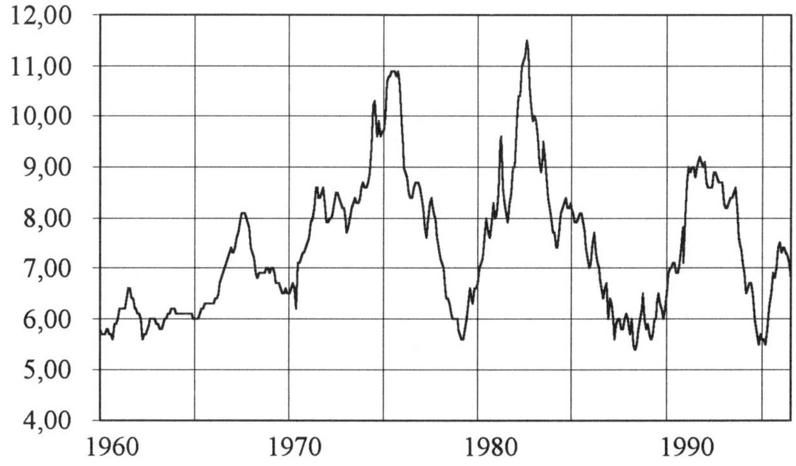

Die Auslandskäufe und -verkäufe, die sehr stark die Zinstendenz am deutschen Markt bestimmen, sind letztlich ein Ergebnis der eingangs geschilderten Reaktionskette und der zugrundeliegenden Fundamentaleinflüsse.

3.1.4 Zinsprognose über die implizite Zinsterminkurve

Ausgangspunkt der Überlegungen sei folgende aktuelle Zinsstruktur, wobei zur Berechnung immer eine homogene Gruppe von Wertpapieren (im Beispiel Bundesanleihen) herangezogen wird.

Jahr	**0**	**1**	**2**	**3**	**4**	**5**
Rendite	**4,40**	**5,50**	**5,42**	**5,54**	**5,78**	**5,96**
Jahr	**6**	**7**	**8**	**9**	**10**	
Rendite	**6,13**	**6,55**	**6,24**	**6,61**	**6,70**	

Die aufgeführten Renditen werden nach dem Barwertkonzept als interner Zinsfuß aller zukünftigen Zahlungen auf den aktuellen Anlagezeitpunkt abdiskontiert.

Berechnet man diese Renditen bei zwei Anleihen mit identischer Restlaufzeit, aber unterschiedlichen Nominalzinssätzen, so erhält man im Ergebnis unterschiedliche Renditen. Da die Ausstattungsmerkmale beider Einzelwerte bis auf die Kuponhöhe exakt identisch sind, kann diese Renditedifferenz offensichtlich nur von den unterschiedlichen Nominalzinsen herrühren. Um derartige Verzerrungseffekte zu neutralisieren, ist es besser, die Zinsstrukturkurve aus den Effektivzinssätzen von Zerobonds zu errechnen.

Dies erzeugt Probleme: die Homogenitätsbedingung muß erfüllt bleiben, und Zerobonds von Emittenten eines Marktsegments sind kaum bis gar nicht vorhanden! Die Lösung liegt im Berechnen der Spot-Rates (=Zero-Zinssätze) aus der aktuellen Renditestrukturkurve.

Hierfür läßt sich folgende Formel verwenden:

$$Z_n = \frac{(1+r_n)^{\frac{1}{n}}}{\left(1-\sum_{t=1}^{n-1}\frac{r_n}{1+Z_t}\right)^{\frac{1}{n}}} - 1$$

mit Z = Zero-Zinssatz
r = Marktrendite
n = Anzahl der Perioden
t = Periode t

1 Jahr = 5,5 %

$$\textbf{2 Jahre} = \frac{(1+0{,}0542)^{\frac{1}{2}}}{\left(1-\frac{0{,}0542}{(1+0{,}055)^{1}}\right)^{\frac{1}{2}}} - 1 = \textbf{5,4178 \%}$$

$$\textbf{3 Jahre} = \frac{(1+0{,}0554)^{\frac{1}{3}}}{\left(1-\frac{0{,}0554}{(1+0{,}055)^{1}}+\frac{0{,}0554}{1+}\right)^{\frac{1}{2}}} - = \textbf{5,3975 \%} \quad \textbf{usw.}$$

Im nächsten Schritt werden aus den Zero-Zinssätzen die implizierten Zinsterminsätze (Forward Rates) ermittelt.

$$ZT_t = \left(\frac{(1+Z_l)^l}{(1+Z_n)^n} \right)^{\frac{1}{t}} - 1$$

ZT = Zinsterminsatz Periode t
Z_l = Zero-Zinssatz Periode l
Z_n = Zero-Zinssatz Periode n

l = lange Laufzeit
n = kurze Laufzeit
t = l – n

Möchte der Investor den vom Markt erwarteten, zukünftigen Zinssatz für zweijährige Titel in einem Jahr bestimmen, so geht er folgendermaßen vor:

$$ZT_2 = \left(\frac{1{,}053975^3}{1{,}055^1} \right)^{\frac{1}{2}} = \mathbf{1{,}053462873\ \%}$$

Jahre	**1**	**2**	**3**	**4**	**5**
Rendite	5,50	5,42	5,54	5,78	5,96
Spot R	5,50	5,41	5,39	5,812	6,01
implizit	5,34	5,35	5,92	6,14	6,27
Jahre	**6**	**7**	**8**	**9**	**10**
Rendite	6,13	6,55	6,24	6,61	6,70
Spot R	6,14	6,71	6,29	6,78	6,89
implizit	6,92	6,41	6,94	7,05	

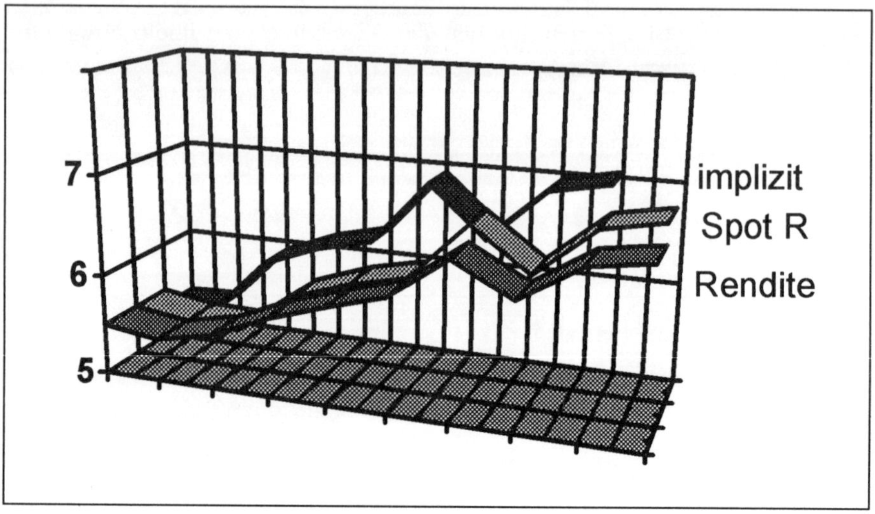

Dieses Verfahren hat natürlich auch Nachteile. Es ist vollkommen klar, daß sich die Börse nie genau berechnen läßt. Kennt man die Erwartungen der Marktteilnehmer, so lassen sich hieraus eigene Handlungsmaximen ableiten – in welchem mathematischen Ausmaß diese sich dann umsetzen lassen, hängt auch von der nicht berechenbaren Psychologie der Marktteilnehmer oder anderen externen Faktoren ab.

3.2 Durationskonzept

Die Duration ist im Prinzip eine um Zinszahlungen korrigierte Restlaufzeit. Jeder vorzeitige Kapitalrückfluß vermindert die durchschnittliche Anlagedauer für den Investor. Rechnerisch läßt sich eine Zinszahlung wie eine Kapitalrückzahlung betrachten, wenn man diese nach der Barwertmethode auf den heutigen Zeitpunkt abdiskontiert. Als Kennzahl zeigt die Duration an, wie stark ein Bond dem Zinsänderungsrisiko ausgesetzt ist. Ganz simpel angewendet auf eine Anleihe mit einer Duration von 8 Jahren bedeutet dies:

Marktzinssatz steigt von 5% auf 5,5%

8 * 0,5% = 4%

Eine Erhöhung des Marktzinses um ein halbes Prozent hat ein Sinken des Kurses der Anleihe um 4% zur Folge.

$$Duration = \frac{\sum \frac{t*Z}{(1+r)^t}}{\sum \frac{Z}{(1+r)^t}}$$

t = Anzahl der Zinszahlungen
Z = Zahlungszufluß pro Zinszahlung
r = Rendite auf Endfälligkeit

Beispiel: 7,5% Anleihe, Restlaufzeit 5 Jahre, Marktrendite 7,0%

Kupon 7,5 (1) Jahre	**Rendite 7,0** (2)	**Abzinsungs-faktor** (3)	**Barwert** (4) = (2) : (3)	**Barwert * Jahre** (5) = (1) * (4)
1	7,5	1,07000000	7,00934579	7,00934579
2	7,5	1,14490000	6,55079046	13,10158092
3	7,5	1,22504300	6,12223407	18,36670223
4	7,5	1,31079601	5,72171409	22,88685636
5	107,5	1,40255173	76,64601429	383,2300715
Summe			**102,05009871**	**444,5945568**
Duration	**4,356630345**	**Jahre**		

Die Duration wird durch die Division 444,5945568 : 102,05009871 errechnet.

Sie wurde 1938 von Macauley vorgestellt und wird seither fast unverändert angewendet, obwohl ein gravierender Nachteil der Duration darin liegt, daß sie nur parallele Veränderungen einer flachen Zinsstruktur abbilden kann. In der Realität kommt es allerdings selten zu parallelen Zinsverschiebungen.

Kupon	**Laufzeit**	**Macauley Duration**
9%	**5 Jahre**	**4,13 Jahre**
9%	**20 Jahre**	**9,61 Jahre**
5%	**5 Jahre**	**4,43 Jahre**
5%	**20 Jahre**	**10,87 Jahre**

Es gelten ceteris paribus folgende Zusammenhänge:

- Je niedriger der Kupon, desto höher die Duration.
- Je länger die Laufzeit, desto größer ist die Duration.
- Je höher die Duration, desto größer die Volatilität des Titels.

Oft verändert sich das lange oder kurze Laufzeitensegment stärker als die übrigen.

$$\text{modified duration} = \frac{\text{Duration}}{1+\frac{\text{Rendite}}{100}}$$

$$\text{prozentuale Kursänderung} = -\text{modified duration} * \frac{\text{Zinsaenderung}_{\text{Basispunkte}}}{100}$$

$$\text{absolute Kursänderung} = -\frac{\text{Dirty Price}}{100} * \frac{\text{Duration}}{1+\frac{\text{Rendite}}{100}} * \frac{\text{Zinsaenderung}_{\text{Basispunkte}}}{100}$$

Der Dirty Price bezeichnet den Kaufkurs inklusive Stückzinsen. Die absolute Kursänderung wird oft auch als PVBP oder Price Value of a Basis Point bezeichnet.

Indem man die Duration durch die aktuelle Marktrendite dividiert, erhält man die sogenannte „modified duration“. Hieraus lassen sich dann die Kursveränderungen dezidierter ableiten als nach der eingangs aufgezeigten Faustformel.

Ein Beispiel soll dies illustrieren:

Ein Eurobond mit einem Nominalwert von DM 1.000,-, 8% Nominalzins und einer Restlaufzeit von 6 Jahren habe eine Duration von 4,993 Jahren. Die aktuelle Marktrendite betrage 7,5%. Erhöht sich das Zinsniveau *für alle Laufzeiten* um 10 Basispunkte, also um 0,10%, so verändert sich der Preis des Eurobonds wie folgt:

- 4,993 * 1000 * (0,001/1,075) = – 4,64

Der Preis des Bonds sinkt also um 4,64 DM auf 995,36 DM.

In unserem Rechenbeispiel ist der Dirty Price = Nominalwert.

Ein Schwachpunkt der modified duration ist der, daß die Berechnung der vorraussichtlichen Kursveränderungen nur bei geringfügigen Zinsbewegungen hinreichend exakt ist; bei starken Renditeveränderungen im Markt nimmt der Schätzfehler zu.

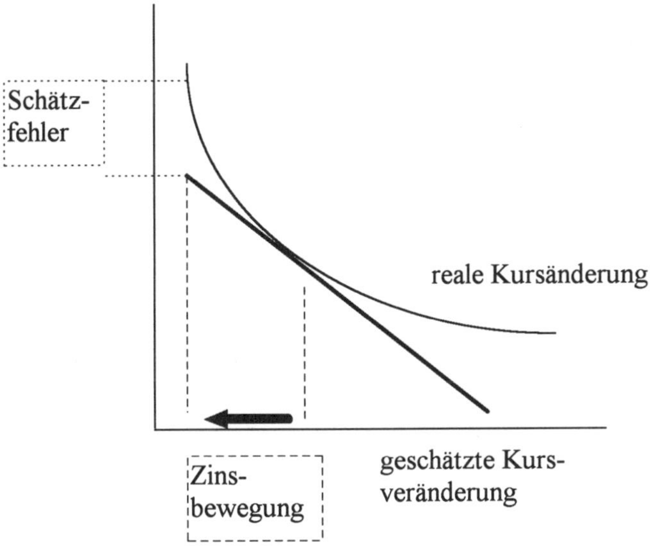

Dies kommt daher, daß die Duration mathematisch bei Zinsveränderungen eine Parallelverschiebung der Zinsstrukturkurve unterstellt, was in der Praxis selten der Fall ist. Bei Zinssenkungen weist die modified duration den Kursgewinn zu gering aus, bei Zinserhöhungen werden die Kursverluste zu hoch errechnet.

3.2.1 Effective Duration

Ein weiterer wichtiger Punkt bleibt allerdings die Problematik, daß die Zinssätze der unterschiedlichen Laufzeitklassen in ihrer Volatilität voneinander abweichen. Eine parallele Verschiebung von Zinsstrukturkurven bei Marktzinsänderungen findet also in der Realität selten statt. Demzufolge muß die Durationsmethode hier erweitert werden, um hinreichende Praktikabilität zu leisten: Eine Möglichkeit ist die Abdiskontierung jeder Laufzeitklasse nicht mit einem generellen Marktzinssatz, sondern das Benutzen von periodengleichen Spot Rates.

$$D_{effektiv} = \frac{\sum_{t=1}^{n} t * \frac{CashFlow_t}{q_t^t}}{\sum_{t=1}^{n} \frac{CashFlow_t}{q_t^t}}$$

Hierdurch werden jeder Kuponzufluß und die Kapitalrückzahlung mit der fristgerechten Spotrate der jeweiligen Laufzeitklasse abgezinst, was eine marktnähere Bewertung der Zahlungszuflüsse impliziert.

Dazu gleich ein Zahlenbeispiel:

7,5% Anleihe, Restlaufzeit (hypothetisch) 5 Jahre, Marktrendite 7,0%

Kupon 7,5 (1) Jahre	**Cash-flow** (2)	**Spot – Rate** (3)	**Barwert**	**Barwert * Jahre** (1)*(3)
1	7,5	5,75	7,0921986	7,092198
2	7,5	6,23	6,6461004	13,292201
3	7,5	6,31	6,2422177	18,726653
4	7,5	6,72	5,7819988	23,127995
5	107,5	7,16	76,0755221	380,377611
Summe			**101,838040**	**442,616661**
Duration	**4,34628 Jahre**			

Dieses Vorgehen hilft, den Schätzfehler bei den Kurswirkungen im eigenen Portefeuille zu reduzieren. Dennoch soll hier nicht der Eindruck erweckt werden, mit diesen Methoden ließe sich der Markt „ausrechnen". Grundsätzlich ist dies nur schwer möglich – aber die Auswirkungen kennen bedeutet auch, über wirkungsvolle Maßnahmen „in der Schublade" zu verfügen, die ein bewußtes Reagieren im Markt erst ermöglichen.

3.2.2 Convexity

Die Convexity ist vergleichbar mit dem Delta einer Option – sie mißt die Veränderungsrate der Duration bei Zinsbewegungen. Die Duration gibt also eine erste Indikation der Kursveränderung, die Convexity liefert den zweiten Beitrag.

Berechnung:

$$\text{Convexity}_{\text{approx.}} = 10^6 * \frac{P_{up} + P_{down} - 2 * P}{P}$$

P_{up}= Dirty Price bei einer um 10 Basispunkte höheren Rendite
P_{down}= Dirty Price bei einer um 10 Basispunkte niedrigeren Rendite
P= Dirty Price bei aktueller Rendite

Eine hohe Convexity weist auf eine geringe Kursreagibilität bei steigenden Zinsen, aber auf eine größere Kursbewegung bei fallenden Marktrenditen hin. Bei zwei Einzeltiteln mit gleicher modified duration ist daher der Anleihe mit der höheren Convexity der Vorzug zu geben.

$$\text{exakte Convexity} = \frac{\sum_{t=1}^{n} (1+t) * t * \frac{c}{q^t}}{q^2 * \text{Durationsnenner}}$$

Ist die Convexity nicht nur niedrig, sondern negativ, so sind die Kursgewinne bei fallenden Zinsen eher bescheiden, die Kursverluste in einem steigenden Markt allerdings dann um so höher!

Die zusätzliche Verwendung der Konvexität bei der Portfolio-Analyse ermöglicht eine genauere Abschätzung des Kursverhaltens der Wertpapiere bei Marktzinsveränderungen. Hierbei wird die Durationsformel durch den Konvexitätsfaktor erweitert.

Kursänderung bei steigenden Zinsen:

$$= -\ \text{modified duration} * \left(\frac{\text{Zinsaenderung in \%}}{100}\right) + 0{,}5 * \text{Convexity} * \left(\frac{\text{Zinsaenderung in \%}}{100}\right)^2$$

bei fallenden Zinsen:

$$= - \text{ modified duration} * \left(- \frac{\text{Zinsaenderung in \%}}{100} \right)$$
$$+ \ 0{,}5 * \text{Convexity} * \left(- \frac{\text{Zinsaenderung in \%}}{100} \right)^2$$

Dies bedeutet für eine Anleihe mit Duration von 10,4 und einer Convexity von 160,86 bei einer Zinssatzänderung um 2% folgendes:

Convexity = 0,5 * 160,86 * $(0{,}02)^2$ * 100 = 3,22%

Ungefähre prozentuale Kursveränderung bei Zinsanstieg von 9% auf 11%:

durch Duration	– 20,80%
durch Convexity	+ 3,22%
gesamt	– 17,58%

Bei Sinken des Marktzinssatzes von 9% auf 7%:

durch Duration	+20,80%
durch Convexity	+ 3,22%
gesamt	+24,02%

3.3 Neuronale Netze

Man kann ein neuronales Netz mit dem menschlichen Gehirn oder mit unserem Nervensystem vergleichen:

Eine Vielzahl von Informationen wird in einem Regelwerk zusammengetragen und immer wieder neu miteinander verknüpft. Die Ergebnisse dieser Verknüpfungen werden ständig miteinander verglichen und optimiert – es handelt sich also um „lernfähige“ und „selbstlernende“ Systeme. Diese suchen nach Mustern, nach aussagefähigen Zusammenhängen, nach erkennbaren „Regeln“, so komplex diese im Einzelfall dann auch immer sein mögen. So werden heute bereits neuronale Netze im Bereich der Steuerung von Kernkraftanlagen und anderen kritischen physischen Prozessen eingesetzt.

Die Methoden, um diese Netze zu trainieren, also der „Input“, befinden sich noch im Anfangsstadium. Jede einzelne Systemeinheit („Neuron“) wird mit einer Gewichtung versehen, die den Beitrag zur Gesamtfunktion des Netzes definiert. Diese Gewichte sind veränderbar – das System vergleicht nach jeder Verarbeitung von Input-Daten das eigene errechnete Ergebnis mit dem vorgegebenen richtigen „Output“.

In weiteren Trainingsläufen werden die Gewichtungen erneut verändert, bis das Ergebnis dem Realwert ziemlich nahe kommt. Dieser Prozeß läuft nach festen Regeln, sogenannten Algorithmen, ab. Der bekannteste ist der Backpropagation-Algorithmus.

So einfach wie sich dieses „Training“ des neuronalen Netzes liest, liegt der Fall in der Praxis allerdings nicht.

Je mehr Kenntnisse man vor der Konstruktion des neuronalen Netzes über die Zusammenhänge der verschiedenen Wirkfaktoren hat, desto schneller kommt man zu brauchbaren Ergebnissen.

Man muß nämlich bei Einrichtung des Netzes die Anzahl der Neuronen (= Einflußfaktoren), das Zusammenwirken der Neuronen und die Meßbarkeit oder Verarbeitungsfähigkeit des Inputs festlegen.

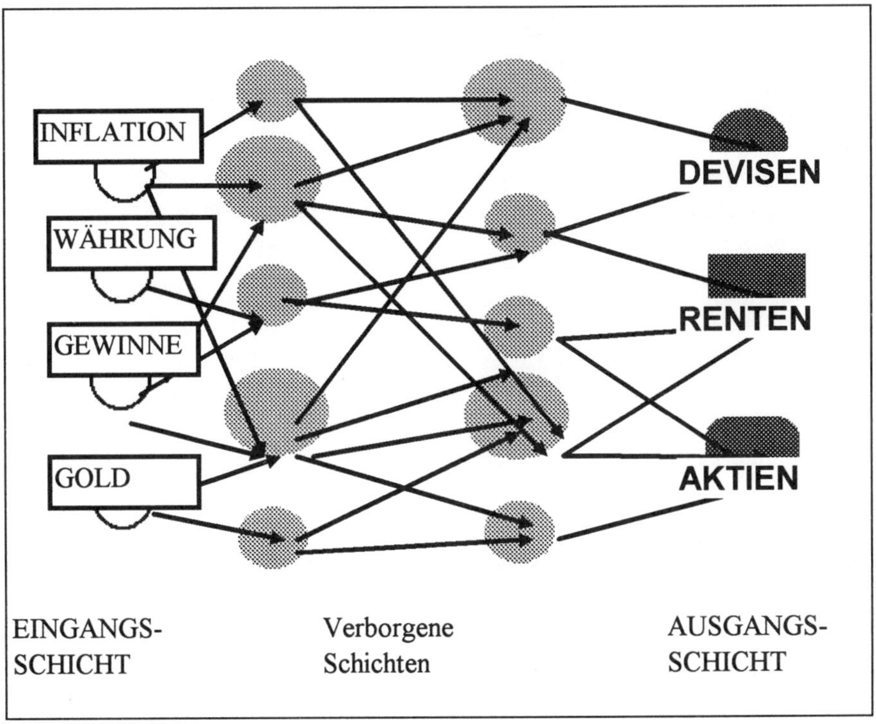

Die Netze versuchen also, lineare und nichtlineare Zusammenhänge zu erkennen, diese zu quantifizieren und in realitätsnahe Ergebnisse oder Vorhersagemodelle/Reaktionsketten zu verwandeln. Dieses Verfahren ähnelt der Regressionsanalyse. Es gibt zur Zeit noch keine allgemeingültigen Erkenntnisse über optimale Netzstrukturen, ideale Lernalgorithmen oder vergleichbar wichtige Grunddaten. So bleibt letztendlich zur Zeit das „Trial-and error"-Verfahren, um gute Neuro-Netze zu kreieren.

Der große Vorteil dieser „Technik" ist ihre „Intelligenz". Sie kann:

- Assoziieren
  Zusammenhänge werden erkannt – es wird quasi eine Gedankenkette identifiziert. Die Teile eines Handlungsmusters werden mit dem vollständigen Ablauf in Verbindung gebracht.

- Abstrahieren
  Daten-Input kann vom Netz klassifiziert werden, so daß charakteristische Eigenschaften einer Vielzahl von Daten in Zusammenhang gebracht werden.

- Generalisieren
  Ein Verhaltensmuster tritt nie exakt wie ein vorangegangenes, ähnliches auf. Es gibt oft Über- oder Untertreibungen an den Märkten. Solche „verrauschte" oder „gestörte" Muster werden in gewissen Grenzen vom System erkannt und als „ähnlich" identifiziert.

In den Stärken dieser Technik liegen auch die Wurzeln für ihre Schwächen. Wenn man zu lange Zeitreihen für das „Lerntraining" verwendet, werden neben den Trendzusammenhängen auch Extremsituationen als Normalzustände gelernt und mitgewichtet. Dies birgt die Gefahr des „Over-Fitting", da dann keine normalen Muster mehr vom Netz erkannt werden können.

4 Portefeuille-Optimierung

Jede Investmententscheidung muß vorab definierten Zielen und Limitierungen unterliegen, wenn sie auf Dauer erfolgreich sein soll. Im allgemeinen wird in drei Hauptkategorien aufgeteilt:

- Ertragsziel
- Risikoklasse
- Liquiditätsstufe

4.1 risikonormiert

Bei einem Rentenportfolio treten grundsätzlich das Zinsänderungsrisiko, das Wiederanlagerisiko, das Bonitätsrisiko und eventuell ein Währungsrisiko auf. Da das Bonitätsrisiko mathematisch ex ante sehr schlecht greifbar ist, soll es im folgenden ausgeklammert bleiben.

Aus der Duration ist der Zusammenhang zwischen Anlagedauer und Risikohöhe bereits hinreichend bekannt. Grundsätzlich hat auch hier die alte Regel Bestand – je niedriger das Risiko, desto geringer auch die Ertragsperspektive!

Eine der bekanntesten Strategien in diesem Rahmen ist „Buy-and-Hold“:

Anl.	Nom.-zins	Kurs	Stück-zins	Dirty Price	Lauf-zeit	AIBD	Moos-müll.	Dura-tion
1	8,75	110,39	3,46	113,85	01.09.1998	6,899	6,891	2,235
2	6,00	98,40	2,36	100,76	18.06.2005	6,935	6,904	7,456
3	6,80	100,90	1,26	102,16	31.07.1997	6,728	6,713	1,256
4	6,75	100,50	2,36	102,86	05.06.2003	6,719	6,705	5,586
5	7,00	101,80	1,55	103,35	19.08.2003	6,679	6,671	4,756
6	6,00	98,60	0,23	98,83	20.07.2001	6,786	6,774	3,875
7	5,75	97,35	4,33	101,68	27.12.1999	6,749	6,742	2,873

Ein Titel wird ins Portfolio aufgenommen und verbleibt bis zur Endfälligkeit dort. Es wird bewußt auf die Möglichkeit von Kursgewinnen verzichtet – während der Laufzeit der Papiere finden keinerlei Umschichtungen statt. Ziel ist ein solider und langfristiger Ertragszuwachs über die reinvestierten Zins- und Tilgungszuflüsse.

Vorteil dabei:

Fast keine Transaktionskosten, keine Notwendigkeit von Zinsprognosen und Szenarioanalysen – damit entstehen kaum Informationsbeschaffungskosten. Je nach Risikolevel ist nur auf hinreichende Diversifikation der Einzeltitel zu achten. Dafür bieten sich folgende Techniken an:

- Laufzeitmethode
  Der Investor orientiert die Fälligkeiten des Portfolios genau an seinen Liquiditätsbedürfnissen. Das bedeutet, aus den verschiedenen Laufzeitsegmenten werden die erforderlichen Positionen des Portfolios kreiiert. Gleichzeitig kann durch „Rolling on the Yield Curve“ bei Titeln, die unter pari erworben wurden, ein konstanter Zusatzertrag ohne Risiko erwirtschaftet werden.

- Variabilität
  Der Investor orientiert sich an kurzlaufenden und variabel verzinslichen Titeln – wobei je nach Zinsszenario auch Reverse Floater zum Einsatz kommen können.

• efficient frontier

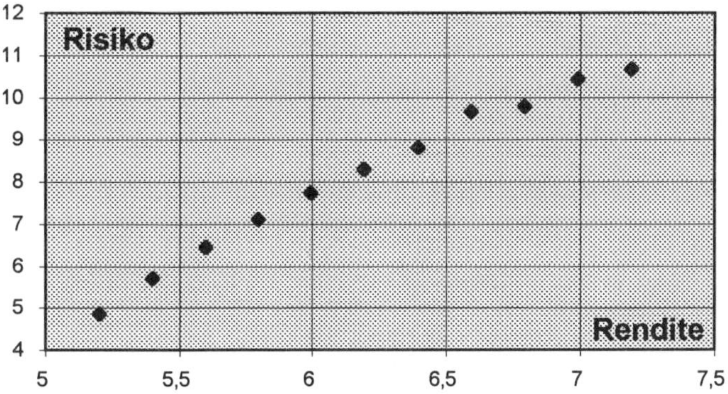

Hierbei werden aus Rentenwerten, die schwach miteinander korrelieren, aber ähnliche Ertrags- oder Renditeprofile aufweisen, Risikoklassen gebildet. Je nach Risikolevel des Investors kann die erreichbare Returnkennzahl abgeschätzt werden.

Gewichtung	Rendite	Risiko
Titel 1		
100%	7,190	10,670
90%	6,991	10,428
80%	6,792	9,788
70%	6,593	9,664
60%	6,394	8,818
50%	6,195	8,291
40%	5,996	7,727
30%	5,797	7,120
20%	5,598	6,455
10%	5,399	5,713
0%	5,200	4,860

Das dargestellte Portfolio besteht der Einfachheit halber lediglich aus zwei Einzeltiteln. In Spalte 1 ist der Anteil des risikoreichsten Assets aufgeführt.

Indem man sukzessive ein zweites Wertpapier in das Portfolio einfügt, erreicht man eine Abschwächung des Risikos. Durch den Diversifikationseffekt verzichtet man freilich ebenfalls auf Performance.

Wie stark sich der relative Diversifikationsvorteil auswirkt, hängt entscheidend von der gegenseitigen Korrelation der Titel ab. In unserem Beispiel sei folgende Konstellation gegeben:

Korrelationskoeffizient: 0,42073466		
Titel 1:	Rendite = 7,190	Risiko = 10,67
Titel 2:	Rendite = 5,200	Risiko = 4,86

Analysiert man das gleiche Portfolio unter Simulation von verschiedenen Korrelationskoeffizienten, so erhält man folgende Risikostrukturen:

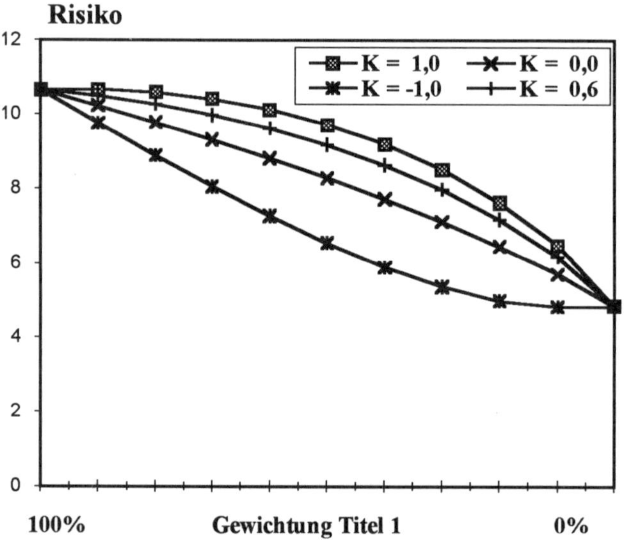

Das Risiko wird am besten bei einer negativen Korrelation wegdiversifiziert. Durch die konkaven bzw. konvexen Kurvenkrümmungen werden die Effekte der Streuung gut verdeutlicht. In diesem Portfolio sind aus Vereinfachungsgründen lediglich zwei Titel vertreten. In der Realität ist es wesentlich aufwendiger, die effiziente Portefeuille-Gewichtung zu berechnen. Bis zu 100 Titel müssen auf ihre gegenseitige Korrelationswirkung analysiert werden, danach ist die effiziente Gewichtung zu berechnen. Diese Schritte erfordern eine leistungsfähige EDV. Um die Nachvollziehbarkeit der Berechnung zu erleichtern, sei an dieser Stelle die Berechnung für die Korrelationsmatrix bei zwei Portfolio-Titeln aufgeführt:

$$\text{Risikostufe}_n = \sqrt{x_n^2 * v_x + y_n^2 * v_y + 2k * x_n s_x * y_n s_y}$$

v = Varianz
s = Standardabweichung
k = Korrelationskoeffizient
x, y sind die Gewichtungen der beiden Titel im Portfolio.

Damit erhält man die efficient frontier line, entlang der das Portfolio ausgerichtet werden sollte. Das Problem dabei ist allerdings, daß ein Portfolio nicht nur aus zwei Titeln besteht. Daher sind in der Realität mehr als 100 Korrelationen untereinander zu berechnen und diese dann miteinander zu verknüpfen, um die effiziente Portfolio-Struktur zu finden.

Fondsinstrumente

Durch das Beimischen von Fonds, die die Diversifikationsaufgabe übernehmen, werden die Risikoprofile des Gesamtengagements gesenkt. Gleichzeitig können die Fonds die Aufgabe eines Liquiditätspolsters übernehmen, wenn der Investor seine Direktanlagen auf illiquidere, dafür höher rentierliche Marktsegmente beschränkt. Durch die Beimischung von Rentenfonds wird eine Risikominimierung bei gleichzeitiger Stabilisierung des vorraussichtlichen Returns erreicht.

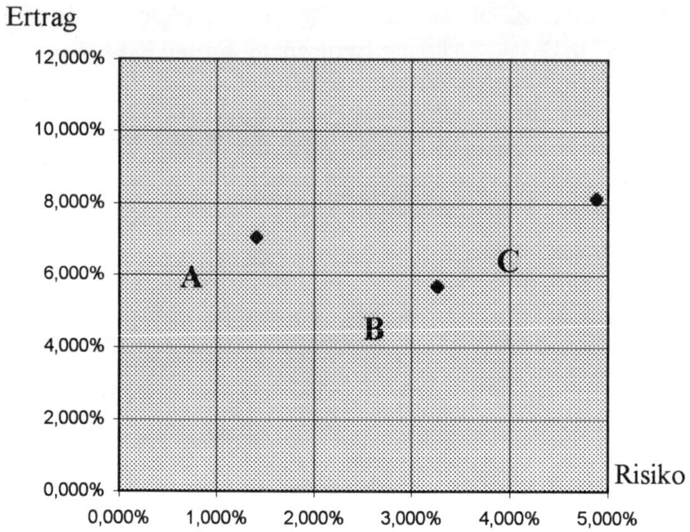

Portfolio A besteht aus Renten mit durchschnittlich 2 Jahren, Portfolio B mit 4 Jahren und Portfolio C mit 7,5 Jahren Restlaufzeit. Diese Streuung wirkt sich natürlich auch auf die Returns aus. Optimiert werden kann dies durch eine sinnvollen Mix aus Portfolio A und C; B bleibt außen vor, da es kein effizientes Portfolio darstellt.

- Varianzminimierung

Dieser Ansatz aus der Statistik ist dem Duration-Konzept ähnlich – er versucht die Einzelpositionen über Varianzanalysen zu selektieren und damit eine hinreichend stabile Returnposition zu gewährleisten.

- Konstruktion von Indexportefeuilles

Hier werden die Laufzeitgewichte eines Rentenindex auf das eigene Portfolio übertragen. Um immer exakt wie der Index zu fahren, ist zu prüfen, ob die Gewichtung der Einzeltitel durch Kursveränderungen mit der Gewichtung der Laufzeitklassen des Index übereinstimmt. So wird ein möglichst großer Gleichlauf der Eigeninvestments mit dem Gesamtmarkt erreicht.

Diese Vorgehensweise führt zu höheren Transaktionskosten, beinhaltet dafür aber auch das systematische Realisieren von kleinen Kursgewinnen bei Übertreibungen. Dies ist das Gegenteil der Bottom-Down-Methode im aktiven Portfolio-Management, das durch bewußtes Abweichen von der Index-Benchmark den Markt schlagen möchte.

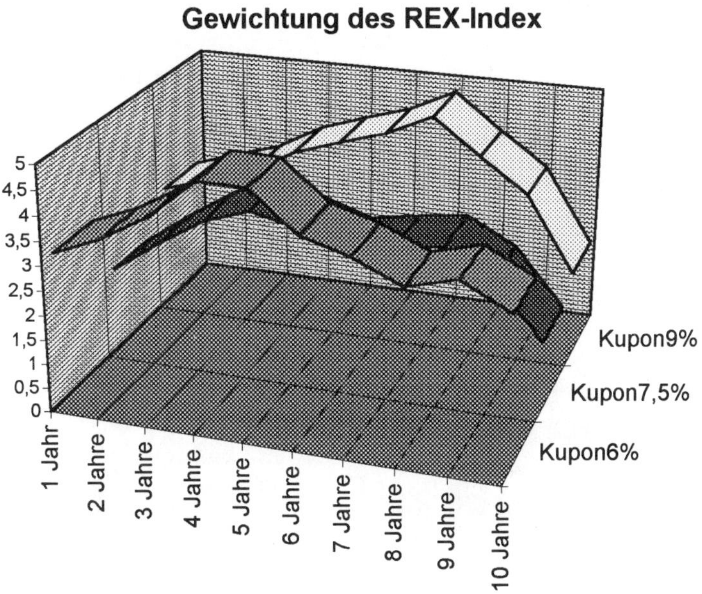

Der Grafik sind die unterschiedlichen Betonungen von Kupon und Laufzeit deutlich zu entnehmen.

Index-Portfolios, die passiv gemanagt werden, sind mittlerweile bei jeder namhaften Investmentgesellschaft im Programm. So kann auch ein quantitativ orientierter privater Investor die Möglichkeiten nutzen, die sonst nur Kunden von Spezialfonds vorbehalten blieben.

4.2 ertragsorientiert

Mit diesem Ansatz ist der Investor bereit, ein gewisses kalkuliertes Risiko einzugehen, um einen höheren Ertrag zu erzielen. In diese Sparte fallen semiaktive Rentenstrategien, die konservative Beimischung von Derivatprodukten, sowie die Leiterstrategie und die Hantelstrategie. Ebenso wichtig wie die Wahl der Strategie ist die Ausrichtung auf die Bilanzstrukturen und die Zinselastizitäten der Bankbilanz.

Spreadstrategien

Diese beinhalten das Ausnutzen von Inter-Market-Drifts. Hierdurch soll bei ansonstem identischem Risiko ein zusätzlicher Perfomance-Erfolg erzielt werden. Auf diese Strategien, die auf dem Arbitrieren von Marktübertreibungen basieren, ist an anderer Stelle bereits hinreichend eingegangen worden.

Leiterstrategie

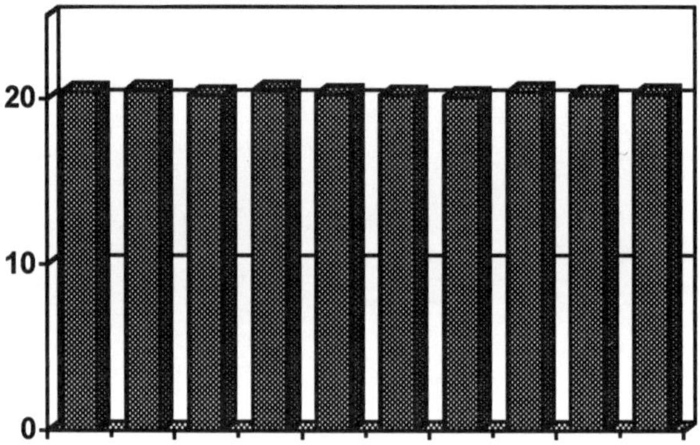

Laufzeiten 1 – 10 Jahre

Bei dieser Strategie werden pro Laufzeitklasse exakt die gleichen Beträge investiert. Vorteil ist eine ausgewogene Streuung. Durch Verschiebungen in der Zinsstruktur können Kursgewinne die Verluste in einzelnen Segmenten ausgleichen.

Um diese Struktur dauerhaft zu erhalten, werden die zufließenden Tilgungen im jeweils längsten Laufzeitenbereich wieder reinvestiert. Die Zinszahlungen werden je nach Bedarf den einzelnen Laufzeitsegmenten zugeordnet.

Die Hantelstrategie

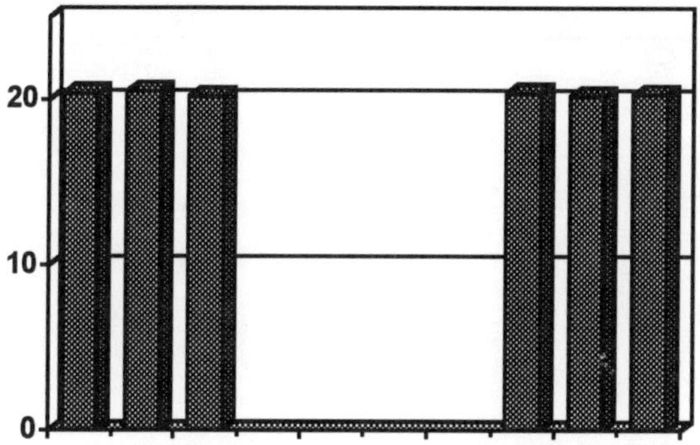

Laufzeiten 1 – 10 Jahre

Hier werden die Mittel zwischen dem kurz- und dem langfristigen Segment aufgeteilt. Für diese Strategie werden der Mittelumfang und die gewünschten Laufzeitklassen festgelegt. Eine Möglichkeit, die Struktur so zu erhalten, liegt darin, fällige Tilgungsbeträge wieder im kurzen Bereich mit der längsten Restlaufzeit anzulegen – fällt eine Anleihe der langen Laufzeitklassen aus der Fristenstruktur heraus, so ist diese zu veräußern. Der Erlös wird wieder in der längsten angestrebten Laufzeitklasse reinvestiert.

Simuliert man beide Strategien, so ist folgendes zu konstatieren: Für liquiditätsorientierte Investoren ist die Hantelstrategie effizienter, während die Leiterstrategie bei identischem Endresultat ein niedrigeres Risiko aufweist. Das Zinsänderungsrisiko wird durch beide Methoden gesenkt. Über geschriebene Optionen auf Derivatprodukte der verschiedenen Laufzeitklassen können die Returns noch erhöht werden, ohne das Risikolevel bedeutend zu verändern.

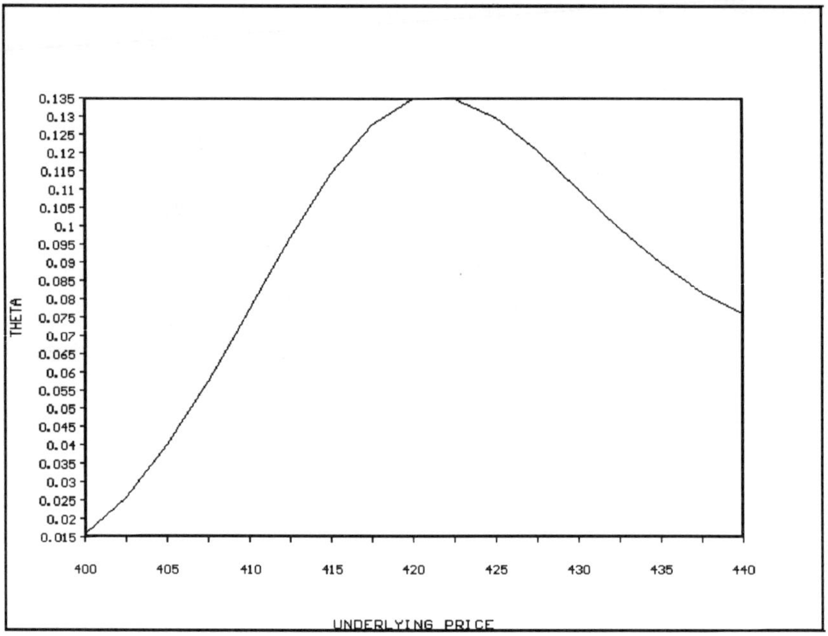

Vor allem der Zeitwerteffekt macht sich hier positiv bemerkbar. Zum Ende des Verfallsmonats hin ist bei den Optionsprämien ein Preissturz zu beobachten, wenn die übrigen preisbeeinflussenden Faktoren am Terminmarkt neutral bleiben (Volatilität und Basispreisbewegung verharren in etwa auf dem aktuellen Niveau). Durch konsequentes Schreiben der Optionen im Restlaufzeitbereich von 15 – 20 Tagen ist ein Zusatzreturn von bis zu 1,8 % p.a. darstellbar.

Riding-Down-the-Market-Curve

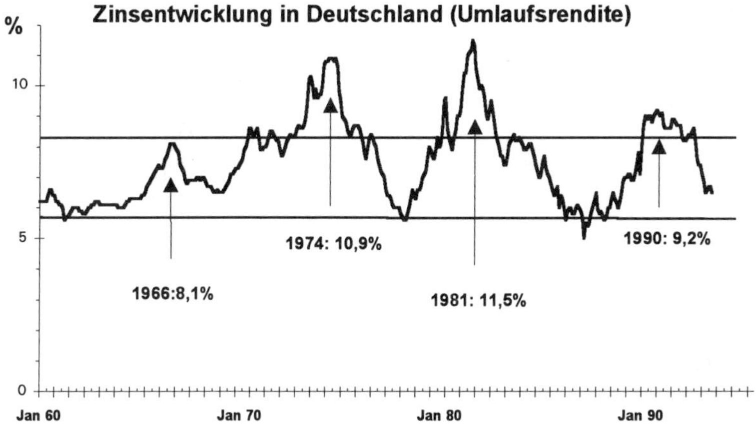

Diese Strategie geht von den Erfahrungswerten der Vergangenheit aus. Langlaufende Rentenbestände werden ab einem Niveau von 8,5% – 9% ins Portfolio aufgenommen. Der Schwerpunkt liegt aus Performancegründen auf Niedrigkupons und Zerobonds. Fällige Zinsen und rückfließende Tilgungen werden so lange in dieses Marktsegment reinvestiert, bis die Marktrendite auf den langfristigen Durchschnitt, also 7%, zurückgefallen ist. Ab einem Marktniveau von unter 6,5% werden systematisch die Anleihen veräußert und in kurzlaufende (Restlaufzeiten 1-3 Jahre) und variabel verzinsliche Papiere getauscht.

Bei einem im Zuge wieder anziehender Konjunktur steigendem Zinstrend erfolgt ab dem Niveau von 8,5% Marktrendite erneut die Umschichtung in lange Laufzeiten.

Der Vorteil dieses Vorgehens liegt auf der Hand – das systematische Ausnutzen von Kursvorteilen und einer hohen Marktrendite. Der Nachteil ist die Langfristigkeit der Strategie. Bei einem plötzlich auftretenden Liquiditätsbedarf kann es passieren, daß bereits aufgebaute Rentenpositionen zu früh und mit Verlust wieder aufzulösen sind. Ebenso ist diese Methode ungünstig für Portfolio-Manager, die einem Jahres-Reporting oder noch kürzeren Berichtsfristen unterliegen. Es sind im Verlaufe dieser Strategie vorübergehend (buchmäßige) Kursverluste in Kauf zu nehmen, die gegenüber dem Wettbewerb Performance-Rückstufungen zur Folge haben. Dieses „Investieren“ in Kursverluste im Laufe eines steigenden Zinstrends läßt sich Klienten gegenüber manchmal schwer transparent machen.

Ride-on-the-Yield-Curve

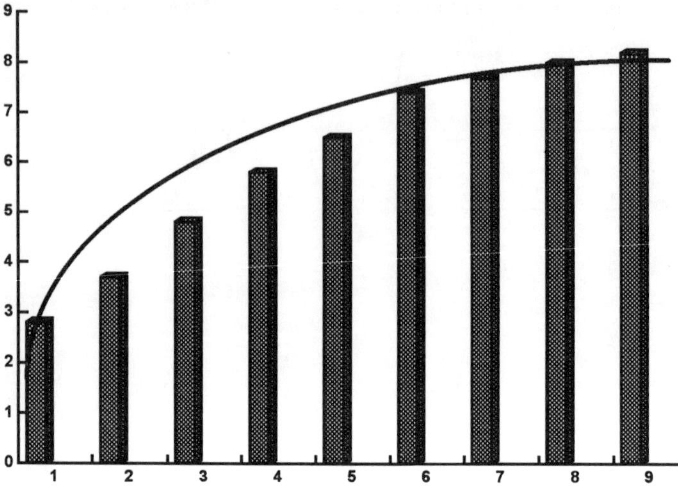

Selbst bei nur schwach fallenden Zinsen erfolgt durch die sich verkürzende Laufzeit des gesamten Portfolios ein zwangsläufiger Kurszuwachs. Dies wird primär als Riding-the-Yield-Curve bezeichnet. Erweitert wird diese eher passive Strategie durch das semiaktive Realisieren von Kursgewinnen an der Nähe der Wendemarken eines Zinstrends.

Nachteil dieser Strategie ist die Nichtplanbarkeit der Return-Zuwächse auf einen bestimmten Zeithorizont. Der Faktor Zeit ist das große Risiko – ein Zyklus, der die vorgenannten profitablen Bewegungen nutzt, beträgt mehrere Jahre. Im ersten Jahr des Positionsaufbaus ist eine Phase mit Kursverlusten möglich. Ein professioneller Investor, der im Performance-Wettbewerb steht, kann sich auch kurzfristig keine relativen Performance-Nachteile leisten. Womöglich würde er seine Benchmark mit einer derartigen Strategie zu stark verletzen.

Zudem ist denkbar, daß ein Investor gezwungen wird, aus Liquiditätsenpässen heraus kurzfristige Kursverluste zu realisieren. Um dies zu vermeiden, lassen sich durch die Kombination von Futures mit Geldmarktanlagen synthetische Positionen in langlaufenden Titeln bilden – oder eventuelle Kursrisiken durch Roll-Over-Hedging über Zinsfutures abdecken. Dies kostet dann einen Teil der zu erwartenden Performance.

4.3 chancenorientiert

Die chancenorientierte Philosophie geht vom aktiven Ausnutzen von Marktbewegungen aus. Hier fallen die richtige Markteinschätzung und das Timing viel stärker ins Gewicht.

Als Basis für ein solches Vorgehen eignet sich das Entwerfen von wahrscheinlichen Marktszenarios.

Der Vorteil einer szenariogestützten Portfolio-Steuerung liegt darin, daß abhängig von geschätzten Zinsveränderungen die Auswirkungen auf das eigene Portfolio vorab berechnet werden. Bei der Szenarioanalyse werden in der Regel drei Zinsmodelle unterstellt. Ein bullishes, also fallende Zinsen – ein bearishes, das steigende Zinsen beinhaltet – und ein aus der impliziten Markterwartung berechnetes. Alle drei Modellannahmen werden aus der Zinsvolatilität der Vergangenheit hergeleitet.

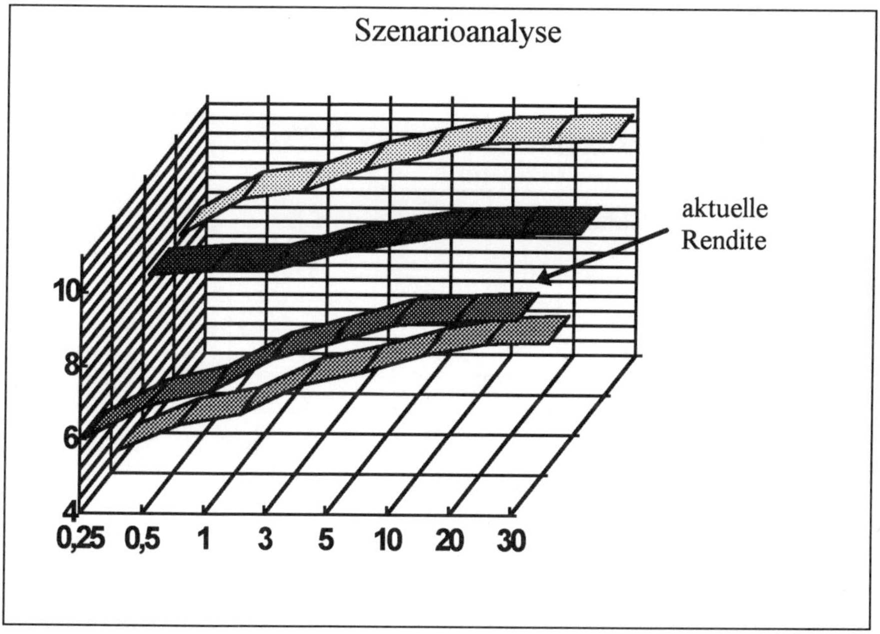

Die in der Grafik unterstellten Zinsszenarios können der nachfolgenden Tabelle entnommen werden. Mit dem Pfeil ist die aktuelle Renditestrukturkurve gekennzeichnet. Szenario 2 enthält die über die Repo-Rates berechnete implizite Erwartung des Marktes. Selbstverständlich kann zusätzlich die persönliche Einschätzung des Portfolio-Managers als weiteres Szenario beigefügt werden. Die Problematik beim Entwickeln eines Szenariomodells liegt meist nicht in der Prognose der Stärke einer Zinsveränderung, sondern der wahrscheinlichen Richtung der Zinsbewegung.

Die einzelnen Szenarios werden mit einer Wahrscheinlichkeit gewichtet – in unserem Beispiel jedes mit 33,33% Wahrscheinlichkeit.

Restlaufzeit	Aktuelle		Rendite	
Jahre	Rendite	Szenario1	Szenario2	Szenario3
0,25	5,848	4,42	8,12	8,14
0,50	6,742	5,13	8,25	9,14
1,00	7,137	5,44	8,26	9,36
3,00	8,021	6,23	8,72	9,94
5,00	8,471	6,60	9,02	10,31
10,00	8,956	7,07	9,27	10,66
20,00	9,083	7,38	9,31	10,71
30,00	9,142	7,43	9,34	10,75

Restlaufzeit	Aktuelle	Basispunkt-Veränderung		
Jahre	Rendite	Szenario 1	Szenario 2	Szenario 3
0,25	5,848	– 142,8	227,2	229,2
0,50	6,742	– 161,2	150,8	239,8
1,00	7,137	– 169,7	112,3	222,3
3,00	8,021	– 179,1	69,9	191,9
5,00	8,471	– 187,1	54,9	183,9
10,00	8,956	– 188,6	31,4	170,4
20,00	9,083	– 170,3	22,7	162,7
30,00	9,142	– 171,2	19,8	160,8

Ausgehend von den Basispunktveränderungen, lassen sich nun die verschiedenen Ergebnisbeiträge berechnen und auswerten. Dabei werden die Auswirkungen auf die Einzeltitel eines Portfolios berechnet. Kommen in ein solches Portfolio noch Währungstitel, so ist ebenfalls für die Devisenentwicklung ein Schätzmodell zu entwerfen. Über die Schätzdaten werden nun die Ergebnisbeiträge pro Anleihe errechnet.

Hierzu ein Zahlenbeispiel:

Bei einer 5,7%-Anleihe betrage die Restlaufzeit 11 Jahre, und sie weise die nachfolgenden Merkmale auf:

	Kurs	Rend.	Kurs-delta	Zeit	Spread	Zins	Reinv. Zins	Total-ertrag
aktuell	77,17	9,45						
Szen. 1	86,33	7,99	12,8	2,8	– 3,8	7,4	0,2	19,4
Szen. 2	78,29	9,56	– 2,5	2,8	1,1	7,4	0,2	9,0
Szen. 3	73,95	10,49	– 10,4	2,8	3,4	7,4	0,2	3,4
gesamt	79,52	9,35	0	2,8	0,2	7,4	0,2	10,6

Die einzelnen Ertragskomponenten sind alle auf Endfälligkeit berechnet:

- Kursdelta
  ist der prozentuale Kursgewinn oder -verlust aufgrund von Bewegungen des Marktzinses.
- Zeit
  ist der Ergebnisbeitrag, der durch die konstante Annäherung an die Fälligkeit (Rückzahlung zu 100) erreicht wird. Es wurde hier ein linearer Beitrag für den Betrachtungszeitraum unterstellt.
- Spread
  Ergebnisbeitrag, der sich aus Volatilitätsveränderungen und Spreadverschiebungen der Marktsegmente ergibt. Hier wird auf Erfahrungswerte der Vergangenheit zurückgegriffen.
- Zins
  Zinsertrag, der sich im Betrachtungszeitraum ansammelt.
- Reinv. Zins
  Zinsertrag, der sich aus reinvestierten Zinseinnahmen, reinvestierten Fälligkeiten, etc. ergibt.
- Totalertrag
  Summe aller Einzelkomponenten

Durch diese Analyse werden die diversen Anlagealternativen für ein Portfolio systematisch untersucht. Ziel ist es, den Titel mit dem höchsten zu erwartenden Ertrag einer vorgegebenen Risikostufe zu identifizieren. Als Maßstab für das Risiko eignet sich besonders die Duration.

Eine weitere Möglichkeit, kurzfristige Risiken zu determinieren, ergibt sich aus den sogenannten Fibonacci-Zahlen. Dieser Bereich wird häufig in der technischen Analyse verwandt, um kurzfristige Zinsstrategien für den Bund-Future entwickeln.

Über das Fibonacci-Retracement lassen sich Zinsszenarios aus rein technischer Sicht aufbauen. Leonardo da Pisa, bekannt unter dem Namen Fibonacci, ein italienischer Mathematiker und Naturwissenschaftler hat in der Natur das Phäomen beobachtet, daß sich gewisse Zahlenmuster immer wiederholen. Dieses Wiederholen war so frappant, daß er dahinter einen systematischen Zusammenhang vermutete.

Fibonacci-Zahlen sind durch eine unendliche Folge von Zahlen definiert, bei der sich jede Zahl durch die Summe der beiden vorausgegangenen Zahlen berechnet, also

0, 1, 1, 2, 3, 5, 8, 13, 21, 34, 55, 89, 144, 233 etc.

Das Erstaunliche an diesen Zahlenfolgen ist, daß sie alle in einem bestimmten Verhältnis zueinander stehen, nämlich dem Verhältnis „phi".

Phi = 0,618 und 1- phi = 0,382

Es gilt für alle Fibonacci-Zahlen:

1. Die Division einer Zahl dieser Reihe durch die ihr nachfolgende Zahl ergibt einen Wert nahe „phi" = 0,618.
2. Die Division einer Zahl dieser Reihe durch die ihr vorhergehende ergibt einen Wert nahe 1+ "phi" = 1,618.
3. Die Division einer Zahl durch die um zwei Stellen davorliegende ergibt einen Wert nahe 1 – „phi" = 0,382.

Das Fibonacci-Retracement ist nichts anderes als das Übertragen dieser Zahlenfolgen auf den Wertpapiermarkt. Dies wurde erstmals durch Ralph Elliott vorgeschlagen, der die Fibonacci-Zahlen als Grundordnungsprinzip der Natur und der Menschheit erklärte – alles laufe nach diesem Prinzip ab und wiederhole sich ständig. Also verstehe sich auch der Einfluß über die menschliche Psyche auf die Vorhersage von Zins- und Kurstrends. Man mag darüber lächeln – bisher weisen Fibonacci-Techniken eine erstaunlich hohe Trefferquote auf.

Hier soll lediglich das Retracement-Verfahren vorgestellt werden.
Man benötigt hierfür die Anfangs- und Endpunkte der vorangegangenen Bewegung und schließt dann auf mögliche Unterstützungs- und Widerstandszonen.

Die Zahlen, die Fibonacci verwendet, lauten:

- 23,6%
- 38,2%
- 50%
- 61,8%
- 100%
- 161,8%

Im Chartbild sind der Boden der vorherigen Abwärtsbewegung und die Retracements 38,2%, 50,0% und 61,8% eingezeichnet.

Ausgehend von den angedeuteten Bund-Future-Ständen, kann man über die Preisfaktoren die möglichen Renditeszenarios entwickeln. Der Bund-Future, der nach seinem Tief am 07.10.1994 bei 87,70 nunmehr (19.04.95)

bei fast 93,00 steht, kann nach Fibonnacci auf 93,60 oder 95,05 steigen oder aber auf 92,20 / 91,15 / 90,51 fallen.
Dies würde grob gerechnet ein Renditeniveau von 7,26% / 6,96% in den langen Laufzeiten im Falle von sinkenden Zinsen oder 7,56% / 7,79% / 7,94% im Falle von steigenden Marktrenditen bedeuten. Die Kennziffern des Bund-Futures liegen aktuell bei 7,52% (Kurs 92,40), die aktuelle Umlaufrendite für öffentliche Anleihen steht bei 6,78%. Überträgt man nun dieses Delta von 10,9% auf die Szenarios, so ergibt sich:

positives Szenario		und	negatives Szenario		
6,46%	6,20%		6,74%	6,94%	7,07%

Nun komt noch der Faktor Zeit hinzu. Nach den Fibonacci-Time Relations ist mit einer Trendumkehr frühestens nach 1,618% der vorherigen Dauer zu rechnen.

Zeitdauer vom Top zum Low	10.01.94 bis 07.10.94 = 267 Tage
Zeitdauer vom Low bis Top	07.10.94 bis 20.04.95 = 193 Tage

267 * 1,618 = 432 Tage

267 + 193 = 460 Tage

Auch nach den Time Relations von Fibonacci ist ein neuerlicher Abwärtstrend im Bund Future überfällig. Er sollte etwa 3 – 4 Monate andauern.

Rechnet man dies um auf die Auswirkungen im eigenen Portfolio, so erkennt man die Chancen und Risiken aus markttechnischer Sicht. Auch hier läßt sich jedes Szenario mit einer unterschiedlichen Wahrscheinlichkeit nach objektiven und subjektiven Kriterien gewichten.

5 Portefeuille-Absicherung und -Steuerung

5.1 Quantitative Steuerungsmodelle

Quantitative Modelle versuchen, abseits von Timing-Regeln der technischen Analyse, basierend auf fundamentalen Gegebenheiten und mittels statistischer Methodik, attraktive Anlagemöglichkeiten zu identifizieren und dauerhaft profitabel zu nutzen. Dabei werden Modelle entworfen, die versuchen, Beziehungen zwischen Fundamentalia und den Märkten „quantitativ" herzustellen.

5.1.1 Die Methode „Q"

Wichtig ist ein möglichst langer historischer Datenbestand eines Rentenmarktes. Die Analyse erfolgt in mehreren Stufen.

1. Aus der Datenreihe werden die Anzahl der Gewinn- und die Anzahl der Verlustperioden ermittelt.
2. Es wird der jeweilige prozentuale Anteil der beiden Segmente an der Gesamtperiode errechnet (= die Wahrscheinlichkeit für Gewinn bzw. Verlust).
3. Der durchschnittliche Ertrag pro Gewinnperiode und der durchschnittliche Verlust pro Verlustperiode werden festgestellt.

Nun wird die Kennzahl Q berechnet aus folgender Formel:

Q= durchschnittlicher Ertrag * p E + durchschnittlicher Verlust * p V

p E und p V sind die Wahrscheinlichkeiten für Gewinn und Verlust.
Die ermittelten Q-Kennziffern werden nun mit der Volatilität der jeweiligen Märkte multipliziert. So erhält man ein Marktranking, nach dem die Asset Allocation zu treffen ist.

	Welt	Europa	Deutschl.	USA	Frankr.	Schwed.
negativ	41,00	31,00	30,00	45,00	33,00	33,00
positiv	50,00	60,00	61,00	64,00	58,00	58,00
neg . %	45,05	34,07	32,97	49,45	36,26	36,26
pos. %	54,95	65,93	67,03	70,33	63,74	63,74
Verlust	– 1,76	– 0,86	– 0,92	– 2,41	– 1,19	– 1,89
Ertrag	2,58	1,46	1,28	3,23	1,73	2,01
Q	*5,23*	*2,02*	*1,51*	*11,57*	*2,29*	*3,37*
	Irland	UK	Schweiz	Belgien	Spanien	Niederl.
negativ	27,00	40,00	37,00	26,00	27,00	26,00
positiv	64,00	53,00	56,00	65,00	64,00	65,00
neg. %	29,67	43,96	40,66	28,57	29,67	28,57
pos. %	70,33	58,24	61,54	71,43	70,33	71,43
Verlust	– 1,46	– 2,17	– 1,09	– 0,87	– 1,90	– 0,67
Ertrag	4,60	3,04	1,33	1,37	1,98	1,05
Q	*14,06*	*6,51*	*1,60*	*2,67*	*3,88*	*1,45*
	Austral.	Kanad.	Japan	R_D13	R_D37	R_D710
negativ	42,00	42,00	43,00	11,00	26,00	32,00
positiv	51,00	51,00	62,00	80,00	65,00	59,00
neg. %	46,15	46,15	47,25	12,09	28,57	35,16
pos. %	56,04	56,04	68,13	87,91	71,43	64,84
Verlust	– 4,55	– 3,24	– 1,95	– 0,34	– 0,56	– 0,98
Ertrag	4,26	3,84	3,26	0,69	1,04	1,33
Q	*2,79*	*8,18*	*11,66*	*0,66*	*1,19*	*1,51*

Insgesamt wurden die Märkte für 91 Monate untersucht. Die ersten beiden Zeilen nennen die absoluten positiven oder negativen Veränderungen zwischen den Monaten. Danach werden die prozentualen Auswirkungen sowie durchschnittlicher Verlust oder Ertrag pro Monat aufgelistet. Das Ganze wird dann zusammengeführt in der Kennziffer Q.

Je höher die Kennzahl Q ausfällt, desto interessanter erscheint ein Engagement im jeweiligen Rentenmarkt. Die Tabellenspalten R_D13 bis R_D710 analysieren die Laufzeitklassen 1 – 3 Jahre, 3 – 7 und 7 – 10 Jahre des deutschen Rentenmarktes.

5.1.2 Strategic-Frontier-Analyse

Die einzelnen Punkte repräsentieren Einzeltitel unseres Portfolios und mögliche „Kaufkandidaten“. In der Mitte der Grafik – an dem Punkt, an dem sich die Gitter kreuzen – liegt der durchschnittliche Ertrag unseres Portfolios. Jede einzelne Position in der Grafik ist definiert durch den Ertrag entweder unter dem optimistischen Szenario entlang der y-Achse oder durch die Worst-Case-Region entlang der x-Achse.

Das Aufteilen des Diagramms in Quadranten, deren Schnittpunkt vom durchschnittlichen Return definiert ist, erlaubt dem Portfolio-Manager

Schlußfolgerungen über das Verhalten seiner Titel in den Quadranten I bis IV.

Die Titel im Quadranten II kann man als aggressiv definieren: Falls das wahrscheinliche Szenario II eintritt, wird der Portfolio-Manager aus dem Portfolio einen extrem guten Return zu erwarten haben. Sollte allerdings das Worst-Case-Szenario zutreffen, so wird der Ertrag recht gering ausfalllen. Also wird ein positiv gestimmter Disponent sich bei seinen Anlagen auf Titel des II. Quadranten konzentrieren. In Quadrant IV befinden sich defensiv orientierte Werte; im Falle des pessimistischen Szenarios schlagen diese Bonds alle anderen Renten der Grafik.

Quadrant III nimmt die schwächsten Titel auf – egal welches Szenario zutrifft, die Einzelanlagen aus diesem Quadranten werden immer unterdurchschnittlich performen.

Bleibt Quadrant I. Hier finden sich Anlagen, die in jedem Falle das Portfolio outperformen werden – egal welche mögliche Erwartung eintritt. Hierdurch entsteht eine No-loss-Situation, die von jedem Portfolio-Manager angestrebt wird.

Best-Case-Ertrag in %

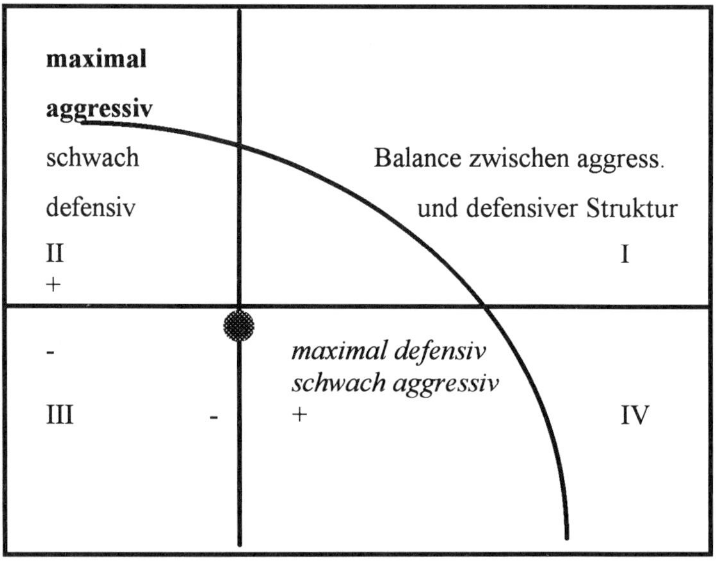

Worst Case Ertrag in %

Die Linie zeigt eine Strategic frontier, die aus einer Ansammlung von verschiedenen Bonds die Analyse auf Return-Basis vornimmt. Zur Berechnung der Analyse sei auf die vorherigen Ausführungen in diesem Kapitel verwiesen. Diese Visualisierung der Trade-Offs auf Total-Return-Basis ermöglicht ein schnelles Erfassen der aktuellen Anlagemöglichkeiten.

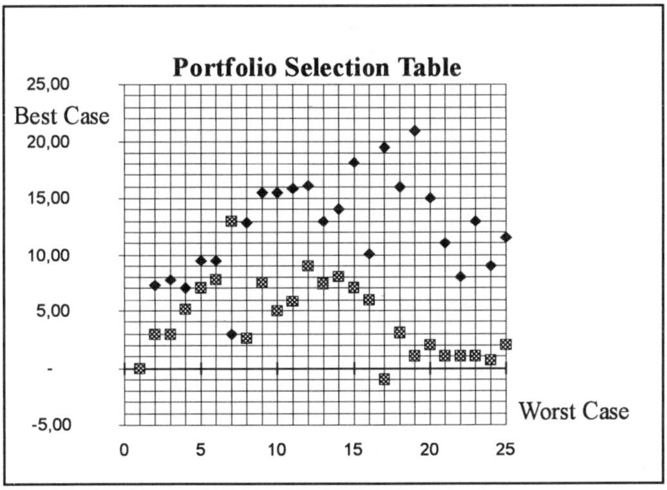

Die selektierten Titel können dann noch mittels Restlaufzeiten oder der Duration gefiltert werden, um an die Liquiditätspräferenz justierte Papiere zu erwerben. Das Timing von aktiven Strategien spielt eine wichtige Rolle. Es ist für den gegebenen Planungshorizont notwendig, das Portfolio fortlaufend zu überwachen.

Strategic Frontier Analyse

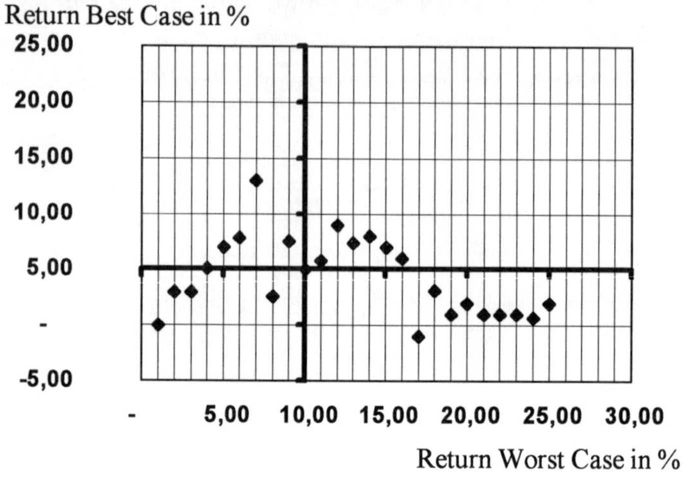

Die effiziente Portfolio-Linie beginnt bei einem aggressiven Bond im II. Quadranten, zeigt mehr in Richtung Quadrant IV ausbalancierte Bonds im I. Quadranten und endet schließlich im IV. Quadranten. Aufgrund dieser vorgegebenen Konstellation läßt sich indirekt die Marktverfassung ableiten; die Titel des IV. und des I. Quadranten weisen auf das Worst-Case-Szenario hin, da die anderen Szenario-Segmente zur Zeit aus Return-Überlegungen heraus unattraktiver scheinen. Es dürfte im Markt schon eine starke Meinung zugunsten des Best-Case-Szenarios vorhanden sein, sonst wären die Titel dieses Segments nicht so unattraktiv – unter antizyklischen Gesichtspunkten kann sich demnach ein Engagement in Papieren des IV. Quadranten als profitabler erweisen.

Die getroffenen Entscheidungen müssen eventuell modifiziert werden, um Änderungen im Zinsumfeld Rechnung zu tragen. Umschichtungen des Portfolios in kürzere Laufzeiten/Durationen können erforderlich sein, um steigenden Zinsen Rechnung zu tragen – dies bedingt wiederum niedrigere Renditen und damit niedrigere Returns. Erfolgt die Umschichtung zu früh, wird auf Performance-Beiträge aus der Laufzeitstruktur verzichtet.

5.2 Der technische Ansatz

Der Vorteil der rein technischen Steuerung eines Bond Portfolios liegt in der Unabhängigkeit von Szenarioprognosen oder fundamentalen Überlegungen. Hierdurch kann schneller und flexibler auf sich ändernde Marktbedingungen reagiert und agiert werden. Gerade der starke Zinsanstieg seit Anfang 1994, der fundamental so nicht erklärbar war, wäre durch technische Analyse rechtzeitig erkennbar gewesen. Hierdurch hätten sich viele große Investmenthäuser die massiven Verluste in Allokation und Rentenhandel ersparen können.

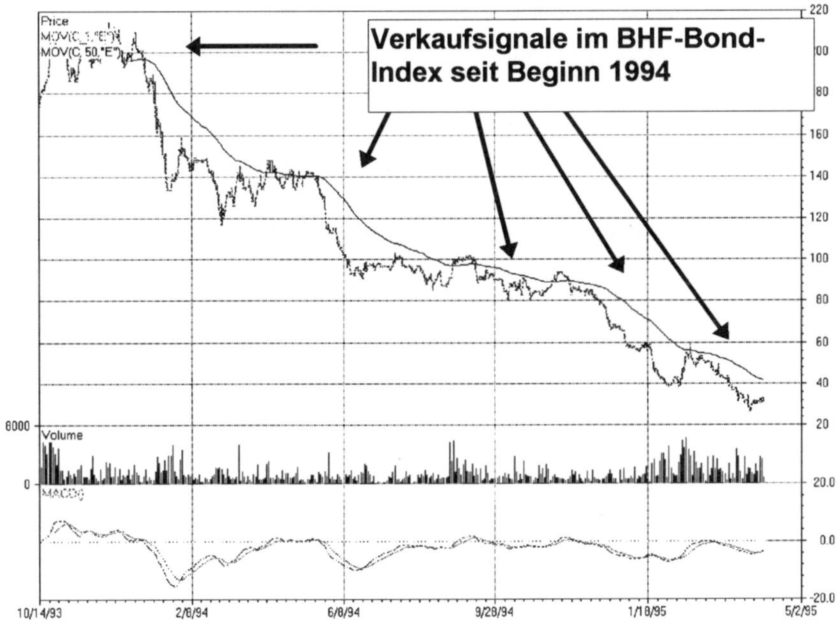

Charts spiegeln nicht nur die grafische Entwicklung eines Kursverlaufes wider und liefern damit ein optisch schnell zu erfassendes Bild von Kursbewegungen in der Vergangenheit. Sie dienen vielmehr auch als optimierende Timing-Indikatoren für Kauf- und Verkaufsentscheidungen.

Die technische Analyse ist vermutlich so alt wie die Börse selbst; Gold- und Reishändler in Japan und Korea benutzen etwa seit dem 7. Jahrhundert den Point & Figure-Charts ähnelnde Entscheidungsmuster für ihre Transaktionen. Auch aus der Römerzeit sind grafische Preisaufzeichungen überliefert, die ähnlichen Zwecken gedient haben dürften. Wahrscheinlich liegen die Ursprünge der technischen Analyse noch früher.

Ziel der technischen Analyse ist eine Prognose über das künftige Kursverhalten eines Wertpapiers, eines Marktes oder anderer in Märkten bewerteter Objekte. Diese Prognose basiert auf der Entwicklung des beobachteten Mediums in der Vergangenheit.

Natürlich ist die Chartanalyse demgemäß mit dem Element der Unsicherheit behaftet: Die technische Analyse liefert Wahrscheinlichkeitsaussagen. Konsequente Diversifizierung und Verlustbegrenzung (Stop-Loss) sind ein „must", gerade bei rein technisch orientierter Investment-Politik.

5.2.1 Fundamentale Analyse

Das Gegenstück zur Chartanalyse, die Fundamentalanalyse, bewertet die Märkte und die darin gehandelten Aktien, Devisen oder Renten nach rein sachbezogenen, makro- und mikroökonomischen Kriterien.

Aus volkswirtschaftlichen Daten und Gewinnwachstum, Auftragslage, Bilanzrelationen etc. ermittelt der Fundamentalanalyst den inneren Wert eines Wertpapiers. Um diesen inneren Wert schwankt der Börsenkurs des Einzeltitels. Die Philosophie des Fundamentalisten ist es, unterbewertete Papiere zu erwerben und Titel, bei denen der Börsenkurs den inneren Wert übersteigt, zu verkaufen.

Schwierigkeit dabei: Der innere Wert ist zu schätzen. Dies wird erschwert durch das Problem der zeitnahen und objektiven Informationsbeschaffung bei den analysierten Unternehmen. Es lassen sich keine Timing-Regeln konstatieren.

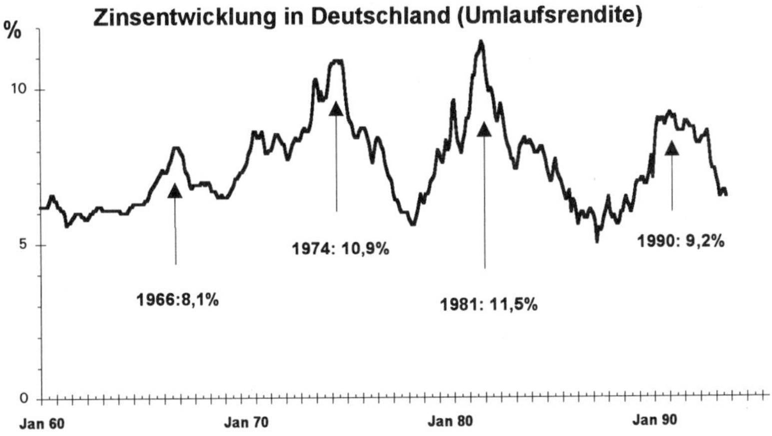

Das fundamentale Umfeld wird von der Börse qualitativ gewürdigt. Auch die nachfolgenden Fundamentalindikatoren lassen sich technisch analysieren und als sekundäre Entscheidungsgeber verwenden.

- Zinsentwicklung
  (Umlaufsrenditen, 10-jährige und 30-jährige Treasuries, etc.)
- Inflationsraten
- Arbeitslosenquoten
- Kapazitätsauslastung
- Geschäftsklima- und Konsumindizes
- Unternehmenssteueraufkommen
- Bruttosozial-/Bruttoinlandsproduktzahlen

Es werden nur die Daten des Marktes verarbeitet. Kurse, Umsatzbewegungen und die Anzahl der fallenden und steigenden Einzeltitel in einer Periode dienen der Marktbewertung. Die technische Analyse geht von der These aus, daß sich Wertpapierkurse grundsätzlich in Trends bewegen.

Hierbei werden drei Phasen unterschieden:

- Aufwärtstrend
- Seitwärtstrend
- Abwärtstrend

Jeder Trend besitzt so lange absolute Gültigkeit, bis er signifikant gebrochen wird. In den Trends drücken sich die Marktverfassung und die Psychologie der Marktteilnehmer aus. In Richtung dieser Marktverfassung eingegangene Positionen bleiben so lange bestehen, bis sich ein neuer Trend etabliert.

5.2.2 Grafische Darstellung der Marktverfassung

Bar-Chart

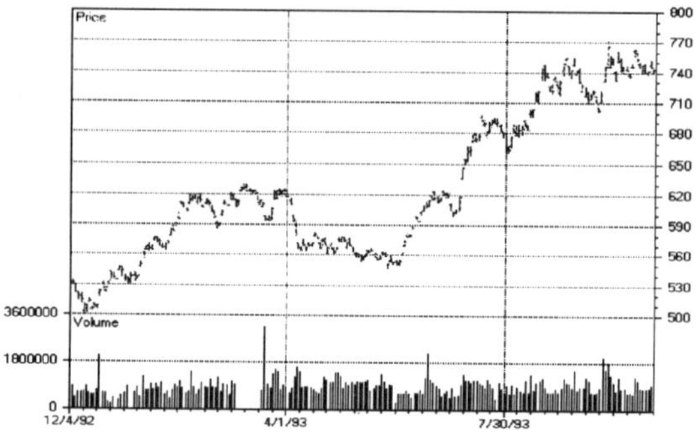

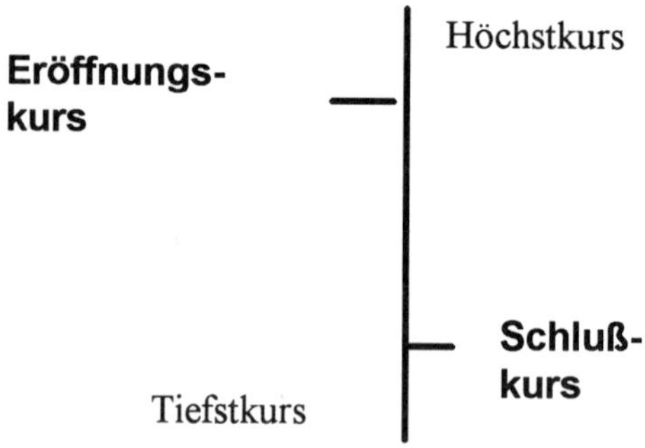

Jeder senkrechte Strich im Kurschart stellt die Kursbandbreite innerhalb der kleinsten Zeiteinheit, also einer Minute, eines Tages, einer Woche oder eines Monats, dar. Ein horizontaler Strich links an diesen Vertikalen bezeichnet den Eröffnungskurs, der horizontale Strich rechts stellt den Schlußkurs dar. Unten wird das gehandelte Volumen in Strichform gezeigt.

Candle Sticks

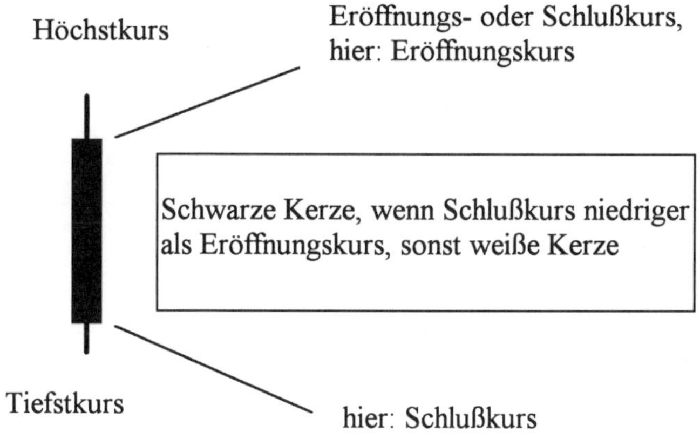

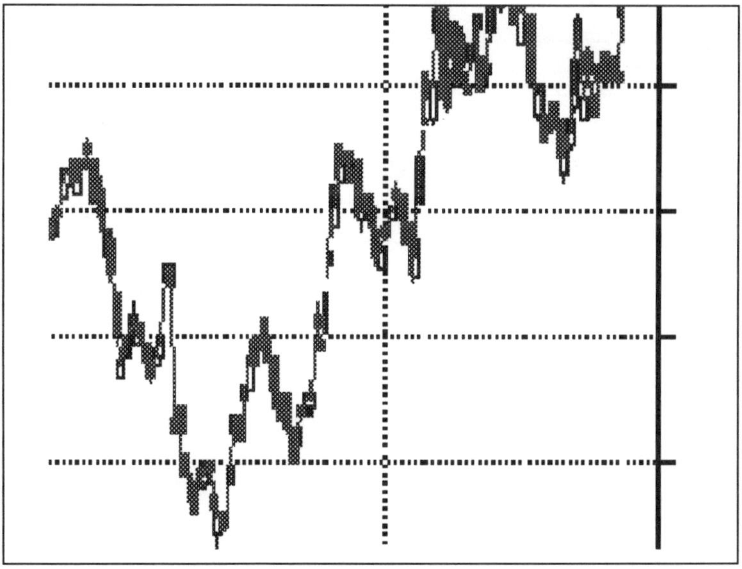

Linien-Chart

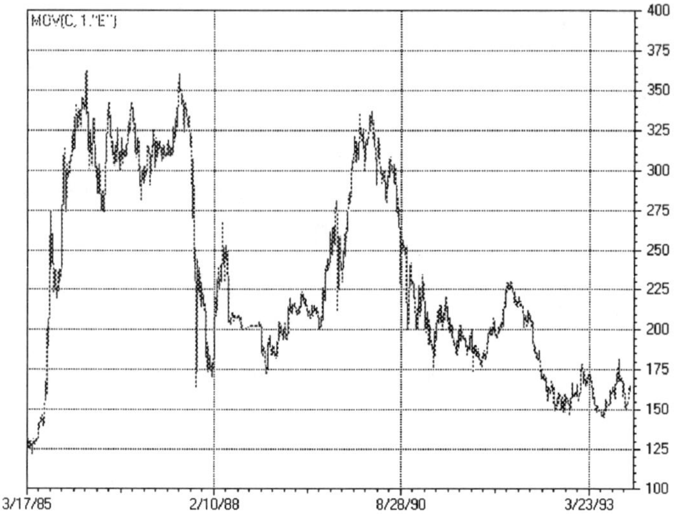

Point & Figure-Chart

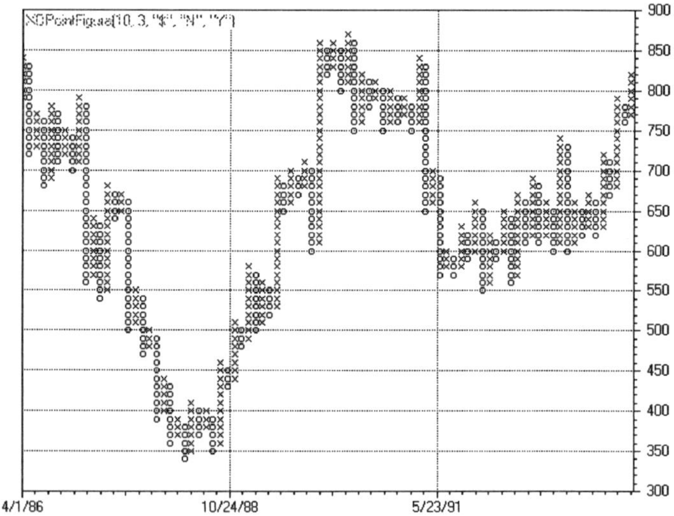

5.2.3 Trends und Trendkanäle

Eine Kursbewegung besteht aus drei Komponenten:

- Trend
- Zyklus
- Zufall

Die traditionelle technische Analyse beschäftigt sich mit der Identifikation von Trendkomponenten. Hierbei wird nicht wissenschaftlich exakt zwischen Trend und Zyklus unterschieden. Die Zeitdimension eines Trends kann mehrere Jahre aufweisen. Ein Zyklus umfaßt, je nach beobachtetem Anlagemedium, mehrere Wochen oder auch Monate. Die Störvariable „Zufall" spiegelt sich als tägliche Kursfluktuationen um den aktuellen Zyklus oder Trend.

Die "*richtige*" Trendlinie:

- mehrfach getestet
- dauerhaft
- richtiger Winkel der Trendlinie (zwischen 30 und 45 Grad)

Widerstand und Unterstützung

Das Durchbrechen einer Trendlinie eröffnet neue Kursziele und generiert eine Unterstützungszone, auf die der Kurs ohne Signifikanz für den neuen Trendverlauf zurückfallen kann („Pull-Back").

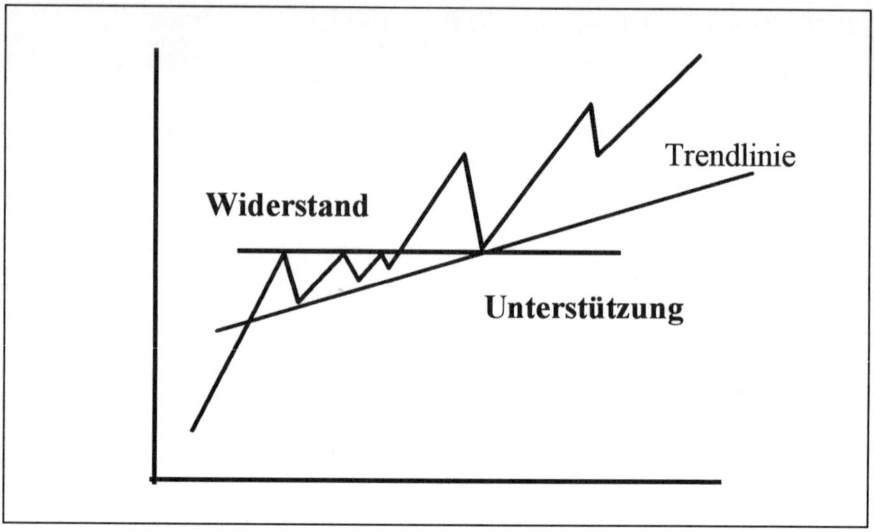

Beim Aufwärtstrend liegt die Trendlinie unten an den Tiefpunkten der Aufwärtswellen, beim Abwärtstrend an den Hochpunkten der Abwärtswellen. Die Trendlinie muß zu Beginn des Trends meist einmal oder mehrmals geändert werden, bis die endgültige Trendlinie gefunden ist. Die Trendlinie ist gebrochen, wenn die Kurse sie mit den Schluß- bzw Kassakursen um mehr als 3% (i. d. R.) durchbrochen haben. Bei der Down-Trendlinie muß der Break-Out nach oben außerdem mit erhöhtem Volumen erfolgen. Solange die Kurse oberhalb einer Aufwärts-Trendlinie liegen, soll das Investment grundsätzlich gehalten werden. Solange die Kurse unterhalb einer Abwärts-Trendlinie liegen, soll der Titel grundsätzlich noch nicht gekauft werden. Wird eine Aufwärts-Trendlinie nach unten durchbrochen, so muß das nicht undbedingt dramatische Kursrückgänge zur Folge haben. Dennoch wird ein Einzeltitel in diesem Fall sicherheitshalber verkauft, wenn keine klaren technischen Gegengründe vorliegen.

Umsatzstarke Zonen im Chart wirken als starke Unterstützungs- oder Widerstandszonen. Dies können auch Zonen längerer Seitwärtsbewegung sein. Nach oben durchbrochene Tops geben Support gegen Kursrückgänge, nach unten durchbrochene Bottoms gelten als Widerstand bei Wiederanstieg der Kurse.

Flagge

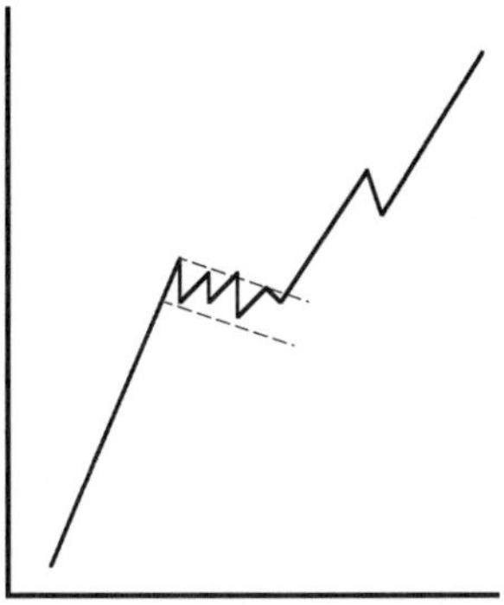

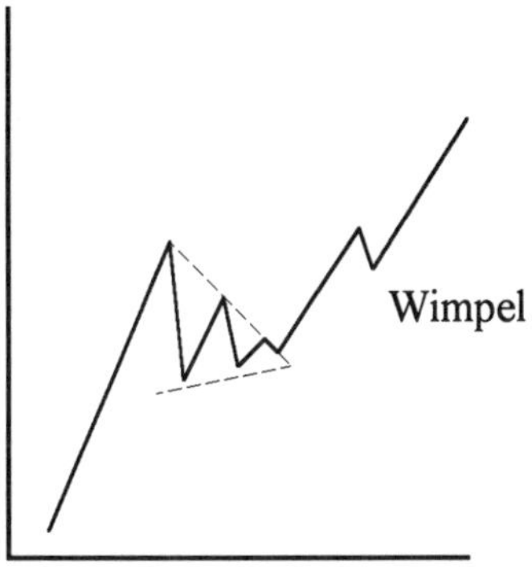

Diese Formationen treten in ausgeprägten Trendphasen häufig auf. An ihnen kann man den „Kampf" zwischen den Optimisten und Pessimisten unter den Marktteilnehmern bei bestimmten Preismarken ablesen.

Keil

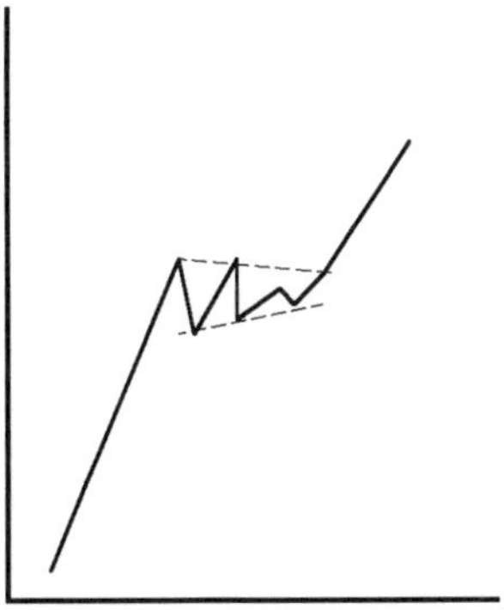

Nachfolgend werden einige symptomatische Umkehrformationen für Trendmärkte kurz charakterisiert. Das Ablesen dieser Formationen aus dem Chartbild erfordert einige Erfahrung. Durch das Einbeziehen von berechneten Indikatoren erhält man wichtige zusätzliche Informationen. Diese Indikatoren müssen allerdings korrekt angewendet werden, um tatsächlich ein aussagefähiges Entscheidungskriterium abzugeben.

V-Gipfel-Formation

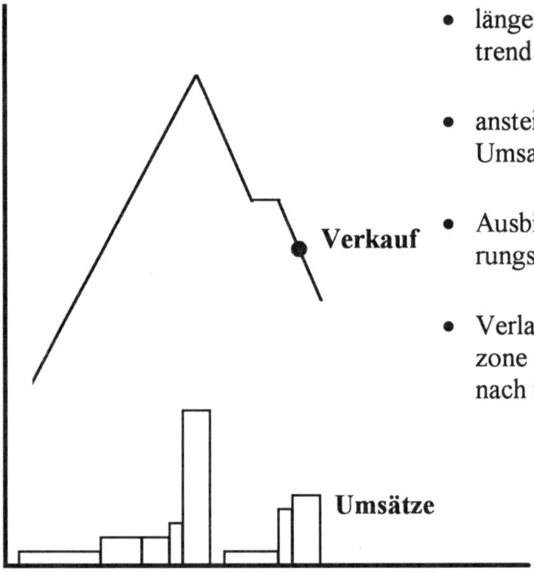

- längerer vorheriger Aufwärtstrend
- ansteigende Umsätze bis zum Umsatzsprung am Kursgipfel
- Ausbildung eines Konsolidierungsplateaus
- Verlassen der Konsolidierungszone mit steigendem Umsatz nach unten

Bei diesen Chartformationen ist immer das Kursbild zusammen mit dem Umsatzverhalten zu beobachten. Der Zeitpunkt für den Verkauf ist nicht nach einer allgemeingültigen Regel – z. B. Verlassen des Konsolidierungsplateaus um mindestens 3% nach unten, oder ähnliches – festlegbar.

Er sollte sich vielmehr an der Volatilität des Basistitels orientieren und danach festgelegt werden.

Eine weitere, häufig auftretende Umkehrformation in einer Kursanstiegsphase ist die M-Formation:

Die M-Formation (Double Top)

- beide Spitzen etwa auf gleicher Höhe
- zwischen den beiden Tops mindestens eine Zeitspanne von 3 Wochen
- Umsatz im rechten Top niedriger als im linken
- bei Durchbrechen der Basislinie kräftiger Umsatzanstieg

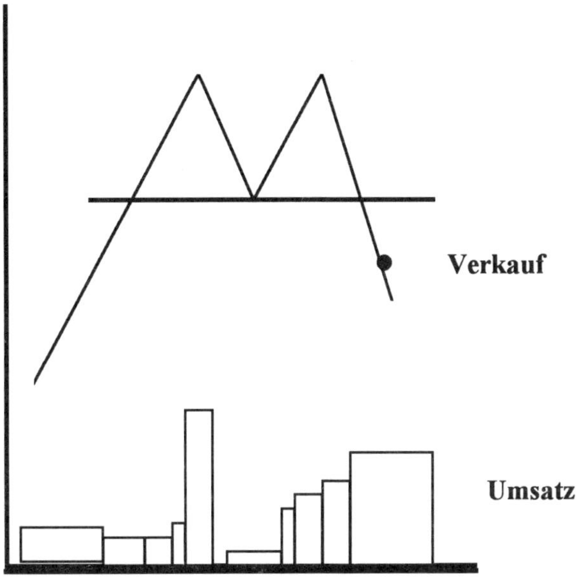

Eine solche Formation wird in der Praxis häufig mit Flagge oder Wimpel verwechselt. Dies kann am ähnlichen Verlaufsmuster liegen, wobei die Umsatztendenzen eine Verwechslung ausschließen sollten – bei den trendbestätigenden Formationen in einem starken Zyklus finden diese kurzen und normalen „Gegenbewegungen" auf niedrigerem Volumen statt – und es ist kein Unterschreiten der Basislinie feststellbar.

Die Kopf-Schulter-Formation ist die signifikanteste und beliebteste/gefürchtetste Kursausprägung. Sie leitet häufig eine starke Kursbewegung ein und ist gut geeignet für eine approximative Kurszielbestimmung. Indem man den Abstand zwischen Nackenlinie und Kopfspitze an der Nackenlinie spiegelt, erhält man das ungefähre Kursziel. Leider ist sie häufig erst spät erkennbar – oder sie deutet sich an und löst sich dann in „Wohlgefallen" auf. Dies zeigt einmal mehr, daß in der technischen Analyse erst dann gehandelt werden sollte, wenn ein eindeutiges Signal vorliegt. Sonst läuft man Gefahr, eine Position in falscher Richtung einzugehen.

Die Kopf-Schulter-Formation

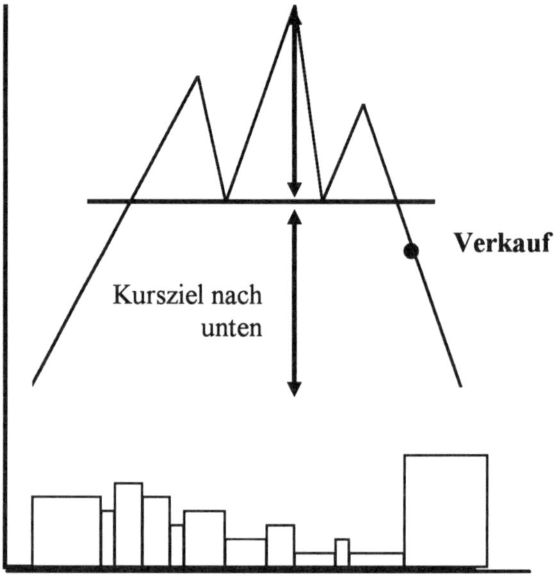

- Zwischentiefs liegen etwa auf einer Ebene
- fallender Umsatzverlauf bei Ausbildung linker Schulter und Kopf
- „Nackenlinie" als Unterstützungslinie
- „Nackenlinie" als Kurszielindikator
- mit Durchbruch Nackenlinie Umsatzanstieg
- „Pull-Back" an Nackenlinie

V-Formation

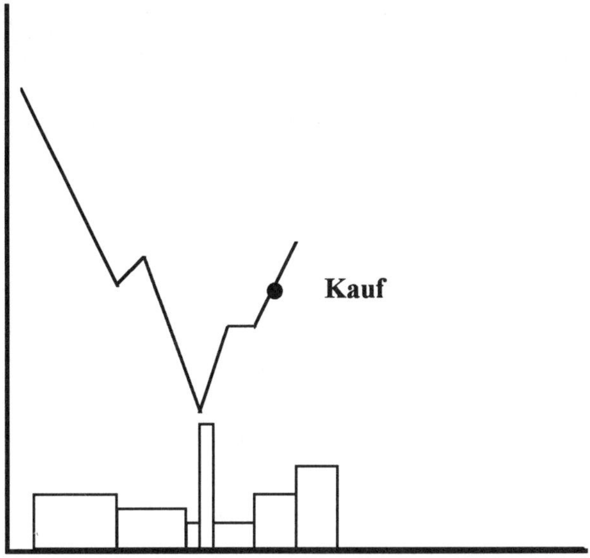

Diese Formation ist besonders interessant, wenn ein langer vorheriger Abwärtstrend vorliegt. Nach der Trendumkehr folgt in der Regel eine längere Aufwärtsperiode. Sie weist folgende Charakteristik auf:

- langer vorheriger Abwärtstrend
- sprunghafter Umsatzanstieg („Wash-Out") am Tiefpunkt
- Ausbildung Konsolidierungsplateau
- steigende Umsätze nach Ausbruch aus Plateau

5.2.4 Gaps

Der Begriff Gap bezeichnet folgendes Phänomen:
Ein bestehender Trend wird ruckartig durch das „Wegspringen" der Kurse beendet oder verstärkt. Dadurch entsteht im Kursbild eine Lücke. Diese Lücke wird als Gap bezeichnet. Die verbreitete Theorie, daß alle „Gaps" geschlossen werden müssen, also von den Kursen noch einmal berührt werden, ist mit Vorsicht zu genießen.

Break-Away-Gap

Dieses Gap leitet oft einen neuen, starken Trend ein. Break-Away-Gaps sollten stets ernst genommen werden. Diese Art Gaps tritt häufig bei Trendphasen mit abnehmender Dynamik (ablesbar an deutlich nachgebender Volatilität) auf.

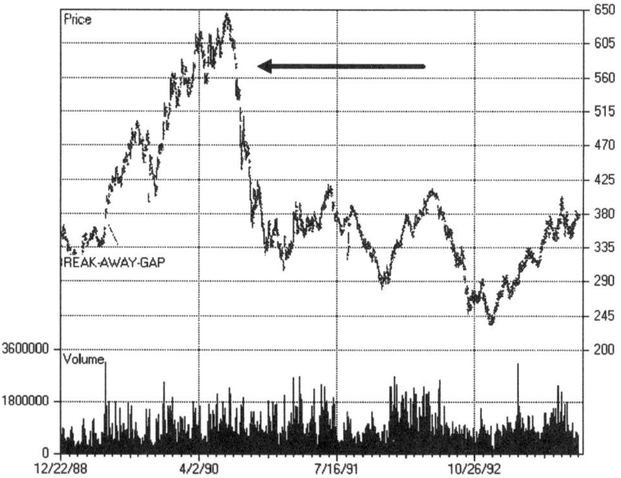

Die starke technische Situation eines solchen Gaps führt meist dazu, daß solche Gaps nie über einen anschließenden Pull-Back geschlossen werden. Findet eine Gegenbewegung statt, so sollte diese allenfalls in die Nähe des vorherigen Gaps führen.

Run-Away-Gap

Das Run-Away-Gap tritt im Laufe eines etablierten Trends in Trendrichtung auf. Es läßt sich für Kurszielprognosen nutzen: In aller Regel wird die Kursbewegung vom Trendbeginn bis zum Auftreten des Gaps nochmals in Trendrichtung vollzogen.

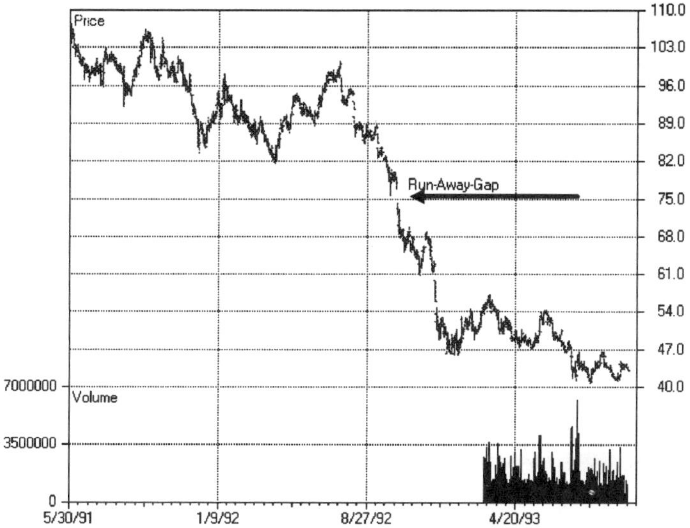

Das Run-Away-Gap kann allerdings auch als sogenanntes Exhaustion Gap in Erscheinung treten. Dies signalisiert dann das Ende eines schnellen kurzfristigen Kurstrends.

Island-Reversal

Das Island-Reversal oder auch „Inselumkehr“ besteht aus zwei Bewegungen: ein Gap in Trendrichtung am Ende eines Trends, danach eine ebenso abrupte Kursreaktion gegen den Trend. Ursache hierfür ist starkes Interesse oder hoher Verkaufsdruck durch die Marktteilnehmer. Es tritt meist vor kräftigen Kursabschwüngen auf.

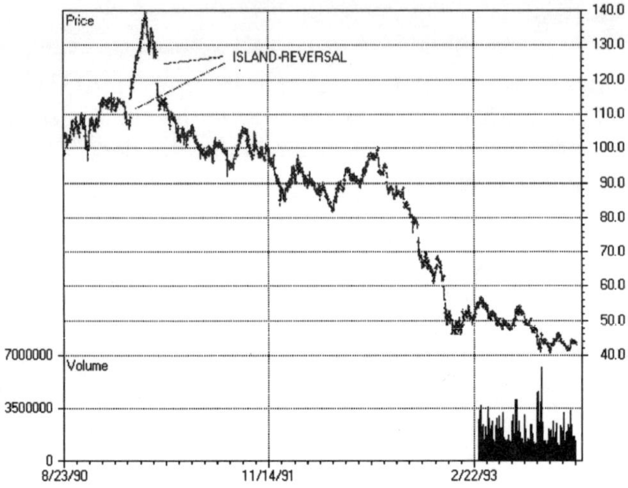

Technisch ist die Situation noch extremer als beim Exhaustion Gap zu werten, da hier in kurzer Folge Euphorie und totaler Pessimismus aufeinandertreffen. Dieses Kursbild taucht recht selten auf, ist von seiner Auswirkung auf den nachfolgenden Kursverlauf her dauerhaft prägend und sollte daher unbedingt beachtet werden.

5.3 Point & Figure-Techniken

P&F-Charts weisen hinsichtlich ihrer Konstruktion folgende Besonderheiten auf:
Kursanstiege werden mit x-Säulen, Abwärtsbewegungen durch o-Säulen dargestellt. Des weiteren entfällt die Dimension Zeit. Lediglich die Anzahl der Wechsel der Trendbewegungen legt die seitliche Ausdehnung des Charts fest. Das Umsatzverhalten wird *nicht* beachtet. Geringe Kursbewegungen werden aufgrund des Konstruktionsprinzips nicht erfaßt.

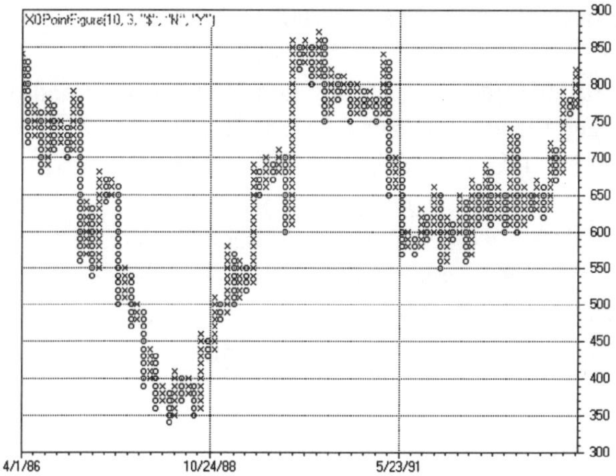

In einem Aufwärtstrend wird eine x-Säule beispielsweise nur dann nach oben verlängert, wenn der Kurs um mindestens 10,- DM gestiegen ist. Eine neue Abwärtsstange wird nur dann eingezeichnet, wenn der Kurs um mindestens 3 * 10,- DM gefallen ist.

Diese Methode filtert die kleinen Preisschwankungen aus und stellt nur die große Kursbewegung dar; der Blick des technischen Analysten bleibt also frei für das Wesentliche!

- Kursbewegungen längerer Zeiträume lassen sich komprimiert darstellen.

- Es werden nur die entscheidenden Kursbewegungen eingetragen (Übersichtlichkeit des Chartbildes).

- Kauf- und Verkaufssignale kristallisieren sich viel deutlicher heraus als bei herkömmlichen Charts.

- Kursziele lassen sich relativ genau ablesen bzw. berechnen.

Einfache Kauf- und Verkaufssignale im P&F-Chart werden als bekannt vorausgesetzt. Im folgenden sollen weitergehende Strategien vorgestellt werden.

Allokationstechniken im Trendkanal

Dieser Ansatz dient der Begrenzung von Verlustrisiken und dem Definieren eines günstigen Einstiegsniveaus in einem Trendmarkt. Börsenkurse bewegen sich frappierend häufig in diesen Trendkanälen. Die zyklischen Merkmale dieses Phänomens lassen sich nutzen:

Long-Positionen werden im unteren Channelbereich eines Aufwärtsmarktes aufgebaut, Short-Positionen analog im oberen Sektor des Abwärtstrends. Werden Trendkanäle signifikant verletzt, so ist die eingegangene Position aufzulösen und die Gegenposition einzunehmen.

Definition der Trendkanäle im Aufwärtsmarkt

(Haussewiderstand und -unterstützung)

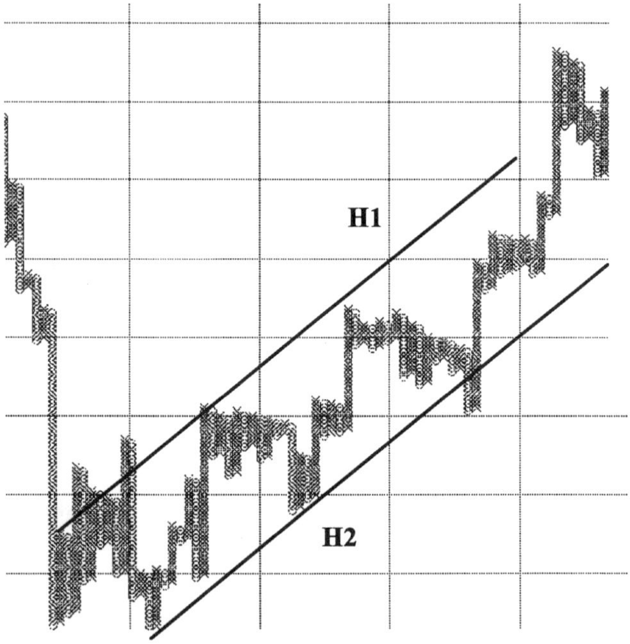

Als erstes ist die Linie H2 anzutragen. Dies ist die Hausseunterstützungslinie. Sie wird unten an der Aufwärtssäule angetragen, bei der nach dem vorherigen Abwärtstrend ein Kaufsignal entstanden ist. Konsolidierungsbewegungen sollten immer in der Nähe dieser Linie wieder in den Aufwärtstrend münden. Danach wird H1 eingezeichnet. Diese Linie, ebenfalls eine 45°-Linie wie H2, stellt die Widerstandszone nach oben in diesem Aufwärtstrend dar. Sie ist links von der „Kaufsignalsäule“ anzusetzen. Es ist dabei so lange nach links zu gehen, bis eine Aufwärtssäule gefunden wird, deren Spitze auf gleichem oder niedrigerem Niveau liegt, als die davorliegende Abwärtssäule.

Durch das Eintragen dieser H1 erhält man eine recht gute Möglichkeit, das Kurspotential im Aufwärtstrend abzuschätzen. Gleichzeitig werden charttechnische Widerstandsbereiche markiert, an denen die weitere Aufwärtsbewegung scheitern könnte. Die Haussewiderstandslinie markiert die obere Grenze eines Aufwärtstrends. Wird sie (durch eine lange Aufwärtsbewegung) überschritten, und konsolidiert der Kurs in der nächsten Abwärtssäule auf oder über ihr, so gilt die vorherige Hausseunterstützungslinie nicht mehr. Eine nach oben durchbrochene Haussewiderstandslinie wird also zur neuen Hausseunterstützungslinie – und eine neue Haussewiderstandslinie ist einzuzeichnen.

Im Chart des Bund-Future (Stand Ende Mai 1995) ist ein stark bullishes Umfeld ablesbar. Die eingezeichneten Hausse-Trendkanäle geben ein schnelles Bild der Chancen und Risiken aus der dargestellten Situation – es werden

Widerstands- und Unterstützungszonen identifiziert. Interessant ist die Stärke der letzten Aufwärtsbewegung, die durch keine nennenswerte Korrektur unterbrochen wurde.

Definition im Abwärtsmarkt
(Baissewiderstand und -unterstützung)

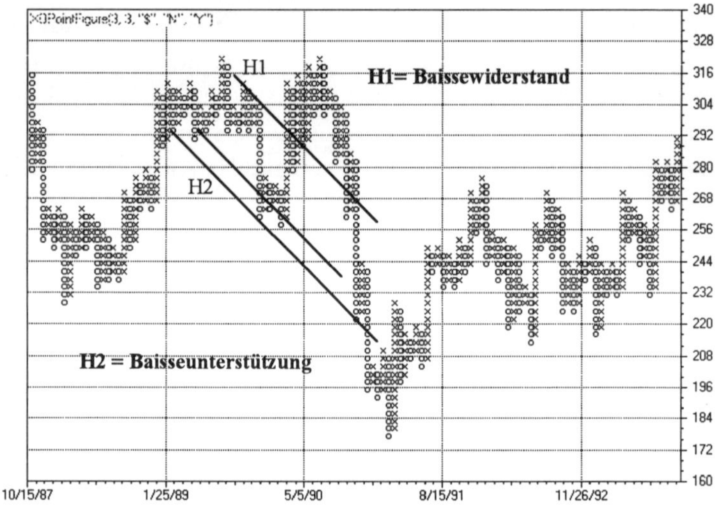

Man benötigt als erstes wiederum ein Verkaufssignal. Am oberen Ende der Stange, in der dieses Verkaufssignal aufgetreten ist, wird eine 45°-Linie, die nach unten gerichtet ist, angetragen.Diese stellt den Baisse-Widerstand dar. Dann geht man so lange nach links, bis eine Abwärtsstange gefunden wird, die höher endet, als die zuvor verlaufende Aufwärtsstange. Dort wird die zweite 45°-Linie eingetragen.

Diese Trendlinien geben Zielbereiche vor, die häufig erreicht werden. Daraus resultierende Kauf- und Verkaufszonen werden durch dortige Top- oder Bottom-Formationen in ihrer Bedeutung verstärkt. Das damit ermöglichte strategische Eingehen von Positionen führt dazu, daß Transaktionskosten, welche die Performance beeinträchtigen, niedrig bleiben. Im nachfolgenden Chart sind beispielhaft einige der Abwärtstrendlinien eingezeichnet. Man erkennt, wie zuverlässig die Linien Widerstands- und Unterstützungsbereiche identifizieren.

Verkaufssignale oberhalb der aktuellen Hausseunterstützungslinien und Kaufsignale unterhalb der Baisseunterstützungslinie sind Fehlsignale und dürfen keinesfalls beachtet werden!

Wie gut diese Technik gerade bei Rentenderivaten funktioniert, soll nachfolgendes Beispiel aufzeigen:

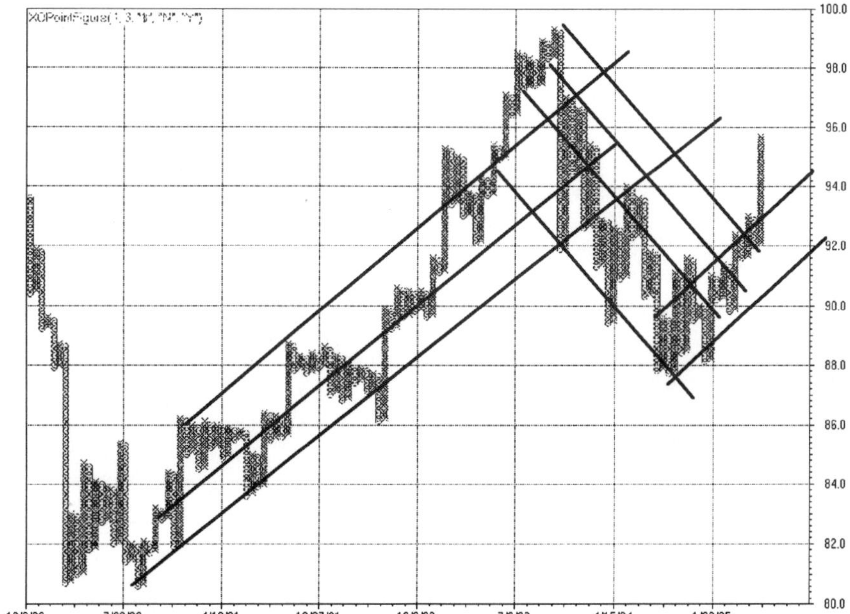

Ein Händler verkauft (short) den Bund-Future in der Nähe des oberen Trendkanals. Die Position wird am unteren Ende wieder geschlossen und eine neue gegengerichtete (long) wieder eingegangen. Bei Ausbruch aus dem Trendkanal wird die Position mit Verlust ausgestoppt, und der Trader wartet wieder, bis sich ein neuer Kanal etabliert. Ist dieser erkennbar, so werden wieder neue Engagements aufgebaut. Entsteht durch die Marktkräfte kein neuer Trendkanal, so werden in Trendrichtung die Positionen eingegangen, wobei im Kursbild des Point & Figure-Charts nach neuen Widerstands- und Unterstützungszonen gehandelt wird.

Die Trendkanäle eignen sich zusätzlich zur Risikobestimmung der eingegangenen Positionen.

5.4 Trendfolge-Techniken

Gemäß dem alten Spruch der Börse „the trend is your friend“ sind diese Methoden – nicht zuletzt durch ihre leichte Anwendbarkeit und Transparenz – beliebte Werkzeuge für Allokation und Timing

5.4.1 Gleitende Durchschnitte

Die gleitenden Durchschnitte sind aufgrund der einfachen Berechnungsweise und Interpretation das beliebteste Trendfolgeinstrument der Händler an den internationalen Börsenplätzen.

Es gibt drei Arten von gleitenden Durchschnitten:

den einfachen MA (Moving Average)
Die Werte werden auf Schlußkursbasis kalkuliert. Alle Werte der Zahlenreihe gehen mit gleichem Gewicht in die Berechnung ein.

Die Formel:

$$MA_{einfach} = \frac{Close_{t} + Close_{t-1} + . + Close_{t-n}}{n}$$

den gewichteten MA
Je aktueller ein Kurs, desto stärker wird er in der Berechnung gewichtet. Logische Folge dieser Berechnungsweise ist eine schnellere Signalgenerierung als beim einfachen MA.

$$MA_{einfach} = \frac{n * Close_{t} + (n-1) * Close_{t-1} + \ldots + 1 * Close_{t-n}}{n * n}$$

den exponentiell geglätteten MA

Hier werden nicht nur die n letzten Kurse für die Berechnung verwendet, sondern die ganze vorhandene Zeitreihe geht in die Berechnung ein. Das bedeutet: ein 5 Tage exponentieller MA umfaßt mehr als 5 Werte für die Berechnung!

Als erstes wird ein Wertungsfaktor aus der verfügbaren Zeitreihe errechnet:

$$WF = 1 + \frac{2}{n}$$

n = Anzahl der Gesamtwerte

Dieser Wertungsfaktor fließt nun in die Formel für den exponentiellen MA ein:

$$MA_{exponentiell} = MA_{t-1} + (WF * (Close_t - MA_{t-1}))$$

In der nachfolgenden Grafik sind alle drei als 50-Tage-Durchschnitte dargestellt:

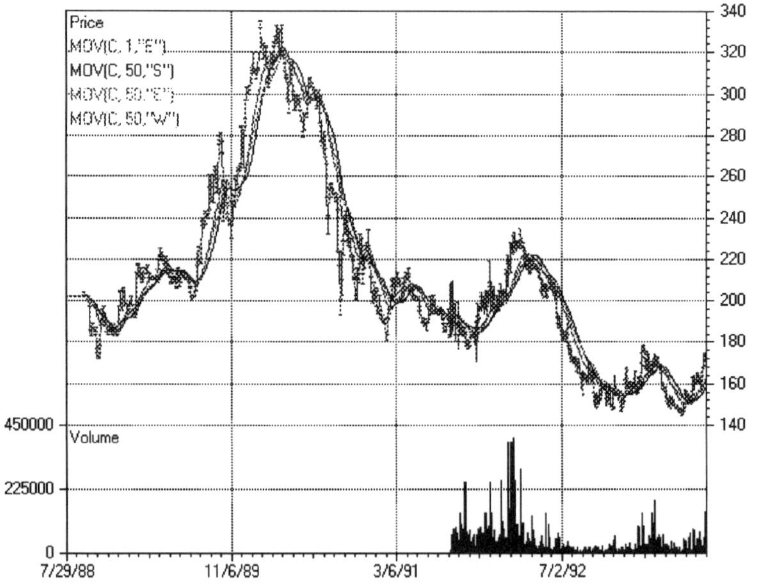

Diese unterschiedlichen Berechnungsmethoden bringen marginale Signalunterschiede bei Trendmärkten. Der gewichtete gleitende Durchschnitt signalisiert zuerst. Der exponentiell berechnete schlägt meist etwas früher an als der linear gerechnete Durchschnitt.

Wichtigstes Kriterium für den Erfolg von auf dieser Methode basierenden Handelssystemen ist die richtige Wahl der im gleitenden Durchschnitt berechneten Zeiteinheiten. Wählt man den Zeitraum zu kurz, erhält man viele Signale. Ständiges Eingehen von Longs und Shorts verhindert stetigen Aufbau von Performance – man verläßt Märkte und Einzeltitel zu schnell. Umfaßt der gleitende Durchschnitt einen großen Zeitraum, so entsteht ein gegenteiliges Signalverhalten. Späte Signale führen zu spätem Marktein- und austritt mit den damit verbundenen Ergebnissen – wenig oder negative Performance.

Optimierungsversuche, auch über Zeiträume von bis zu 30 Jahren, schlugen fehl. Dies ist darin begründet, daß dieser Indikator nur für trendierende Märkte gut funktioniert.

Trendfolgesystem mit zwei gleitenden Durchschnitten

Positionen werden erst bei Schneiden der beiden gleitenden Durchschnitte eingegangen.

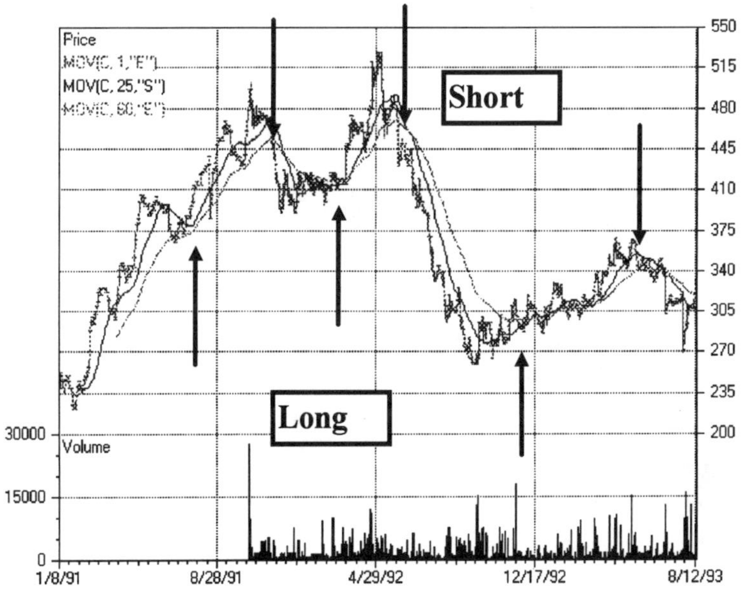

Darunter versteht man dem Trend gegenläufige Kursbewegungen, die ähnlich wie ein Sägezahn (whip saw) aussehen. Sie führen dazu, daß man aus dem laufenden Trend aussteigen und später, auf etwas teurerem Niveau wieder einsteigen muß. Diese Fehlsignale lassen sich vermeiden, indem man unterschiedliche MA's für Ein- und Ausstieg benutzt. Eine andere Möglichkeit stellen sogenannte Filter dar:

Man geht erst dann eine Position ein, wenn beispielsweise 2 Tage nach dem Signal dieses noch Gültigkeit hat (Zeitfilter). Oder man akzeptiert ein Signal erst, nachdem der Kurs einen bestimmten Wert überschritten hat (Preisfilter). Der Volatilitätsfilter arbeitet analog zum Preisfilter mit der „normalen" Kursschwankung als Parameter. Ein Signal wird erst beachtet, wenn es über der normalen Tagesvolatilität liegt.

In der nachfolgenden Grafik sind die Kauf- und Verkaufssignale direkt umgesetzt und als Gewinn-/Verlust-Diagramm aufbereitet. Im oberen Drittel sind der Kursverlauf des Bund-Futures und die Länge der Kauf- oder Verkaufsposition dargestellt.

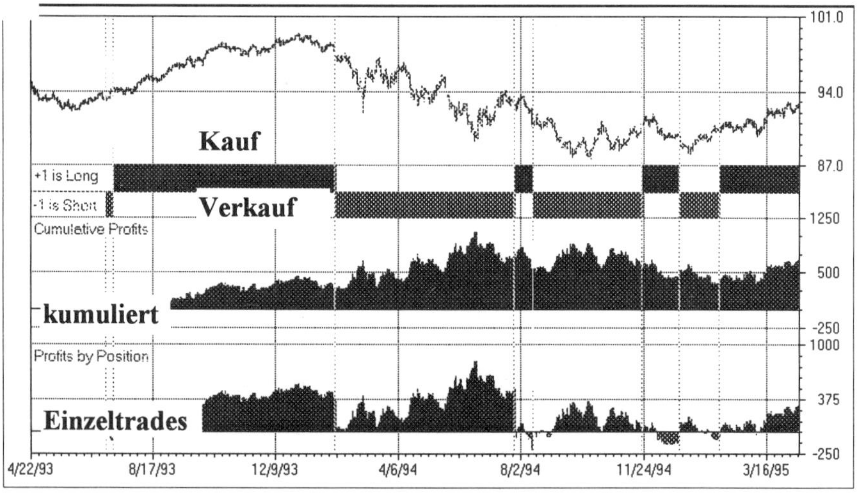

In den unteren beiden Dritteln folgen dann die Resultate der Tradings – zuerst in kumulierter Form, dann aufgegliedert in die einzelnen Trade-Positionen.

Der Effekt der Whip-Saws in Seitwärtsbewegungen kann sehr schön an der kumulierten Verlaufskurve nachvollzogen werden. In diese Darstellung sind zudem keine Transaktionskosten eingerechnet worden.

Trendfolgesystem mit drei gleitenden Durchschnitten

Dieses Allokationssystem arbeitet mit drei MA-Indikatoren. Dadurch werden kurz-, mittel- und langfristige Signale vereint. Ein solches System ist ebenfalls geeignet, um Whip-Saws weitgehend zu eliminieren.

Naturgemäß reagiert dieses System später und seltener. Es hängt von den jeweiligen Märkten ab, wie die Zeiträume für die drei Durchschnitte gewählt werden. Im Devisenhandel sind 4, 9 und 18 Tage üblich, bei Renten werden häufig 12, 42 und 130 Tage verwendet.

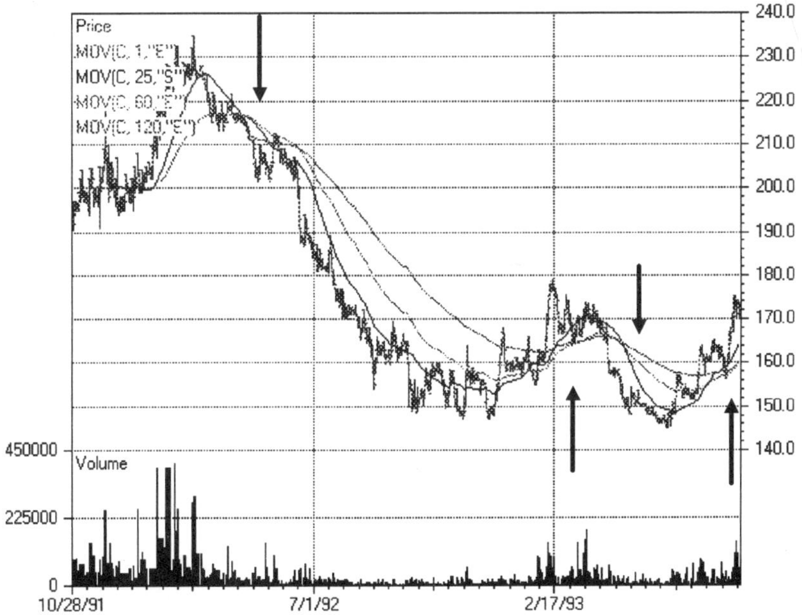

Man kann diese Systeme so anwenden, daß eine Position bei Schneiden des mittel- und langfristigen MAs eingegangen wird. Die Gewinnmitnahme oder Risikobegrenzung geschieht beim Kreuzen des kurz- und des mittelfristigen MA. Häufiger wird das System mit kurz- und mittelfristigen MA als Signalgeber angewendet. Der langfristige MA dient lediglich der Überprüfung des vorherrschenden Trends.

Das Golden Cross

Das Golden Cross tritt auf, wenn sich alle drei Durchschnittslinien auf einem Punkt schneiden. Der Name dieses seltenen Phänomens beruht auf der starken nachfolgenden Trendbewegung, die eine „vergoldete" Performance beschert.

5.4.2 MACD

Der MACD ist eine Kombination dreier exponentiell gewichteter gleitender Durchschnitte, die als zwei Linien ausgedrückt werden. Die erste Linie repräsentiert die Differenz eines 12-Perioden-MA zu einem 26-Perioden-MA – die zweite Linie (Trigger-Line oder Signallinie) ist die Glättung der ersten Linie mit einem 9-Perioden-MA. Die Exponentialgewichte für die drei Durchschnitte betragen 0,15/0,075/0,20.

Der MACD funktioniert hervoragend bei Märkten mit einem ruhigen, langen Trend; er läßt sich also gut bei Wochen- und Monatscharts einsetzen.

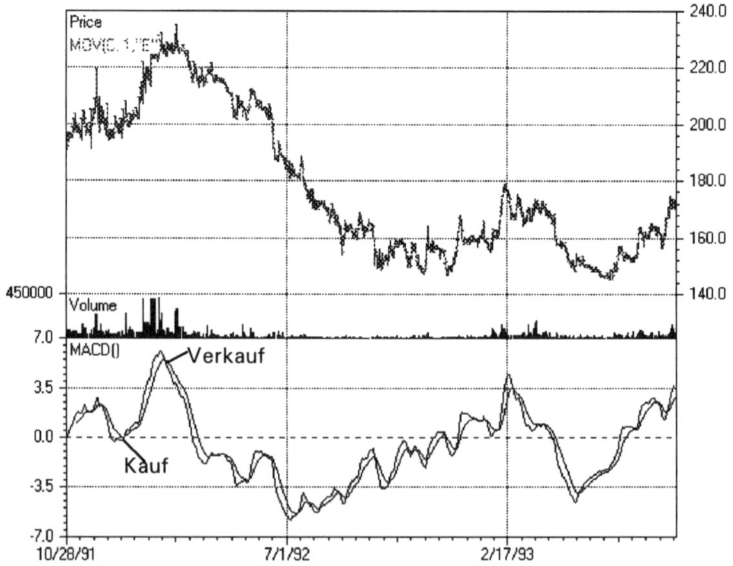

Kauf- und Verkaufssignale werden analog zu den MA-Systemen generiert; es wird gekauft, wenn der MACD die Trigger-Line (gestrichelte Linie) von unten nach oben durchstößt – und verkauft, wenn der MACD unter die Trigger-Line fällt.

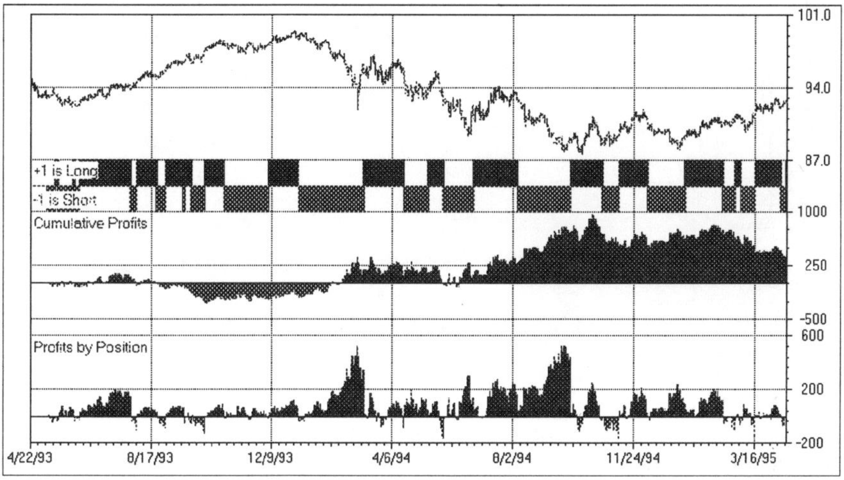

Zwangsläufige Folge sind häufige Transaktionen. Man kann auch hier versuchen, die immanente Langsamkeit von MA-basierten Systemen zu optimieren. Einige Portfolio-Manager verwenden einen „fast" MACD für Kaufsignale. Dieser errechnet sich aus der Differenz eines 8-MA (0,22 Exponentialgewichtung) und eines 17-MA (0,11 Exponentialgewichtung). Ein „slow" MACD liefert die Signale für den Verkauf von Portfolio-Positionen. Er berechnet sich als Differenz eines 12-MA (0,2) und eines 26-MA (0,11).

9-MA als Trigger-Line mit 0,20 als exponentiellem Glättungsfaktor bleibt gleich. Der MACD läßt sich auch als Indiz für überkaufte und überverkaufte Marktniveaus verwenden. Hierzu verwendet man die Extremzonen im oberen und unteren Indikatorbereich. Es empfiehlt sich eine Adjustierung der Extrembereiche an den jeweiligen Markt. Durch unterschiedliche Volatilitäten und Trendstärken könnten bei allzu statischer Anwendungsweise zu viele Fehlsignale auftreten. Eine weitere Möglichkeit, unabhängig von jeweiligen Extrembereichen den MACD zu analysieren, ist das MACD-Trend-Lining. Dieses ist vor allem in starken Trendphasen interessant.

MACD-Trendlining

Der hier dargestellte Bund-Future erhält die Bestätigung seines Aufwärtstrends durch den intakten Aufwärtstrend im MACD. Kritisch zu würdigen wäre ein fallender MACD – diese Divergenzen sind meist ein Warnsignal und leiten oft vor dem Basistitel die Trendumkehr ein.

Die Divergenzanalyse ist ein wichtiges Zusatzinstrument bei vielen technischen Indikatoren.

5.4.3 Directional Movement

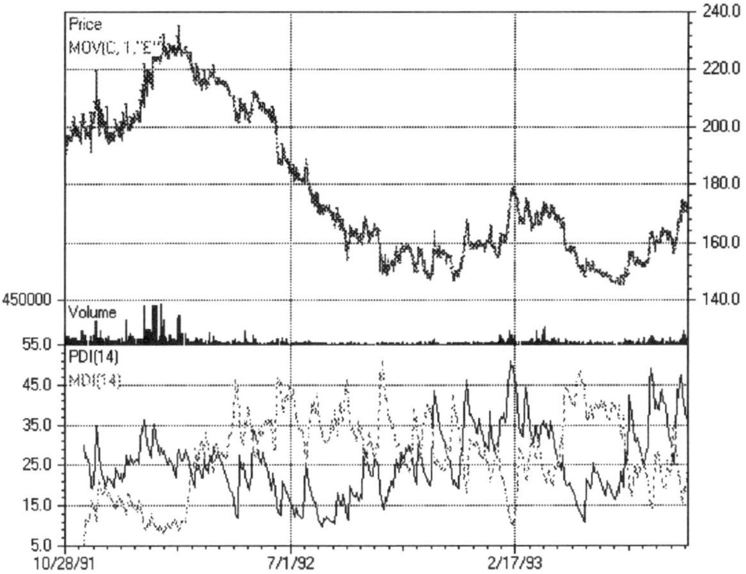

Das PDI (Positive Directional Movement) stellt aufwärts gerichtete Kursbewegungen dar, das MDI (Minus Directional Movement) abwärts gerichtete. In der obigen Grafik ist die gestrichelte Linie das MDI.

Fällt das PDI unter das MDI, so bedeutet das, daß Kursabschläge dominieren, und wir erhalten ein Verkaufssignal. Eine Frühwarnung ist bereits eine fallende PDI-Linie.

Umgekehrt erhält man ein Kaufsignal, wenn das PDI von unten nach oben gedreht hat und die MDI-Linie überschreitet. Für die richtige Interpretation ist es wichtig, sich die Berechnungsweise kurz vor Augen zu führen:

Das Directional Movement ist der größere Teil der Handelsspanne des heutigen Tages, der außerhalb der gestrigen Handelsspanne liegt.

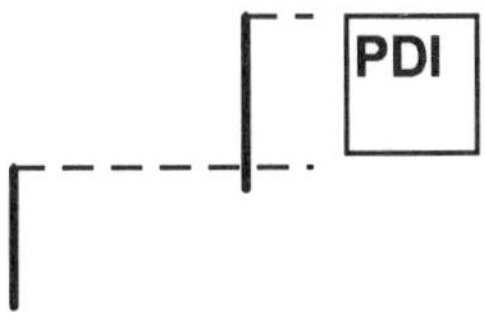

Tag 1 Tag 2

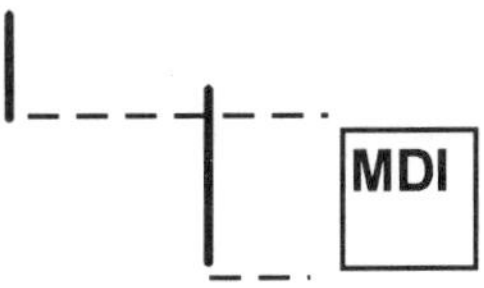

Tag 1 Tag 2

Sogenannte „Inside-Tage“ erhalten den Wert 0.

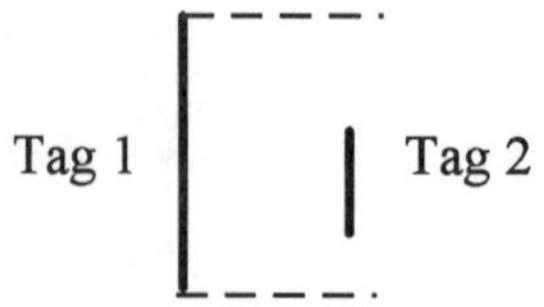

In einem Aufwärtstrend sollte das Hoch des heutigen Tages über dem von gestern liegen. Analoges gilt für die Tiefpunkte in einem Abwärtstrend. Das Ausmaß dieses Trends wird über das positive oder negative Directional Movement gemessen. Je größer die Differenz zwischen PDI und MDI ausfällt, desto direktionaler oder trendgerichteter ist der Markt. Ein weiteres wichtiges Element ist die True Range (TR). Die TR wird als der größte Wert aus folgenden drei Möglichkeiten ausgewählt:

a) Abstand $\text{HIGH}_{\text{heute}}$ zu $\text{LOW}_{\text{gestern}}$
b) Abstand $\text{HIGH}_{\text{heute}}$ zu $\text{CLOSE}_{\text{gestern}}$
c) Abstand $\text{LOW}_{\text{heute}}$ zu $\text{CLOSE}_{\text{gestern}}$

Das Directional Movement wird nun ins Verhältnis zur TR gesetzt; das bedeutet, man vergleicht die Positiv-/Negativ-Dynamik eines Trends mit der gesamten Handelsspanne des Vergleichszeitraums. Empfohlen wird ein 14-Perioden-Zeitraum, da dies nach Meinung von Wilder, dem Schöpfer dieses Indikators, ein wichtiger Halbzyklus ist.

Ein eigener Systemtest über den Bund-Future hat für 50 Perioden die besten Ergebnisse gezeigt:

Test Summary Germany Bund-Future(Ffm) Test 25
Directional Movement Optimierung 50 Tage

Total net profit	60.136,66	Open position value	23487,38
Total gain/loss %	601,37	Annual gain/loss %	165,04
Initial investment	10.000,00	Days in test	1330
Total closed trades	20,00	Commissions paid	3075,00

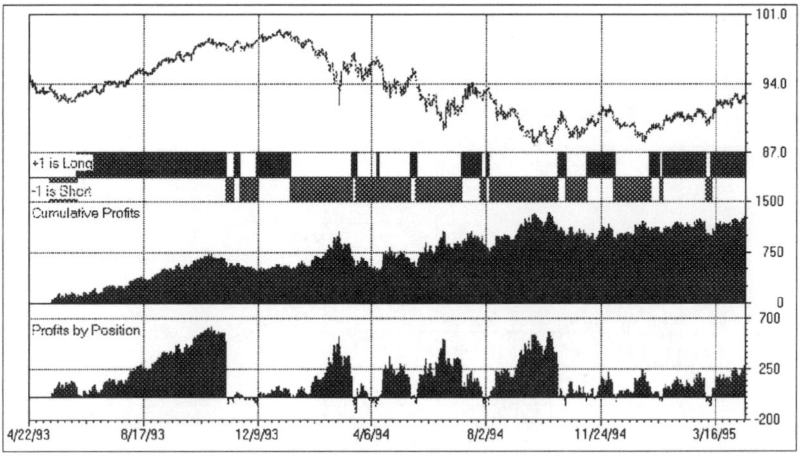

Wie man Handelssysteme entwickelt und testet, wird in einem folgenden Kapitel näher erläutert.

5.4.4 Parabolics

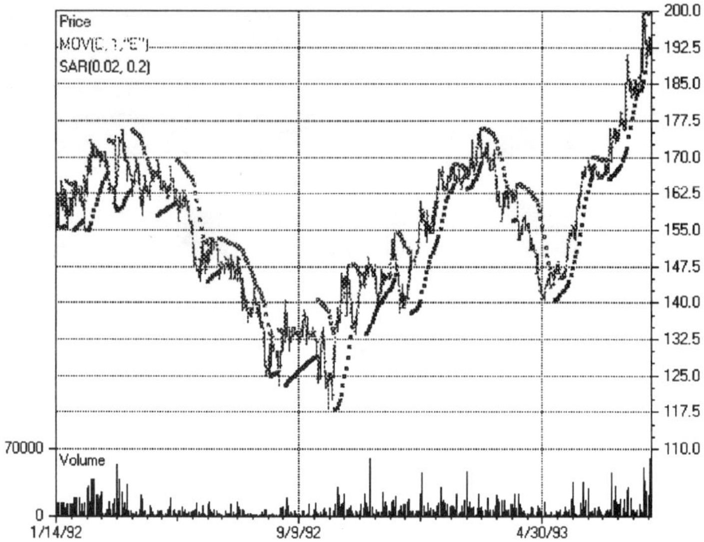

Aufwärtstrends werden so lange long eingegangen, bis der Kurs den Aufwärts-Parabolic nach unten durchbricht. Umgekehrt bleibt man so lange short, bis der Kurs den Abwärts-Parabolic nach oben verläßt.

Mit den Parabolics lassen sich sehr gut Stop-Loss- und Stop-Buy-Marken setzen.

$$\text{Parabolic} = SAR_{t-1} + (AF * (EP_{\text{vorher}} - SAR_{t-1}))$$

SAR = Stop and Reverse Point; zu Beginn der Kalkulation ist dies der Extremkurs des Vortages (bei einem Aufwärtstrend der Tiefstkurs, bei einem Abwärtstrend der Höchstkurs). In obiger Formel ist dies der EP, der dann für die fortlaufenden Berechnungen benötigt wird. AF kennzeichnet den Beschleunigungsfaktor. Der AF beginnt in der Regel mit 0,02 und wächst exponentiell auf maximal 0,2. Manche Parabolic-Systeme lassen diesen auch linear in 0,02-er-Schritten ansteigen.

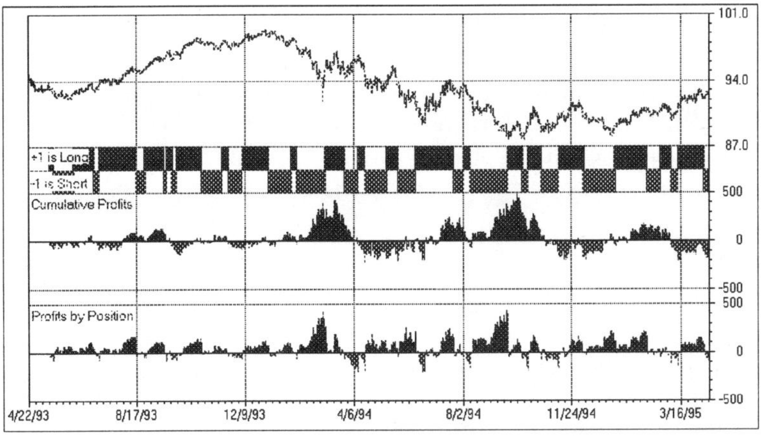

Der Indikator springt im Zeitablauf immer näher an den Chart heran – dies garantiert bei einem längeren Trendmarkt schnelle Ausstiegsmöglichkeiten und damit zügiges Profit-taking. Als alleiniger Handelsindikator ist er zu wenig aussagefähig.

5.5 Allokationsverfahren in Seitwärtsmärkten

Erstaunlich viele Märkte bewegen sich den Großteil der Zeit trendlos. In diesen Phasen sind Trendfolgeindikatoren völlig ungeeignet, um profitabel an den Märkten zu agieren. Daher sollen nachfolgend Möglichkeiten vorgestellt werden. Trendstärken zu messen und in Seitwärtstrends zu agieren.

5.5.1 ADX-Indikator

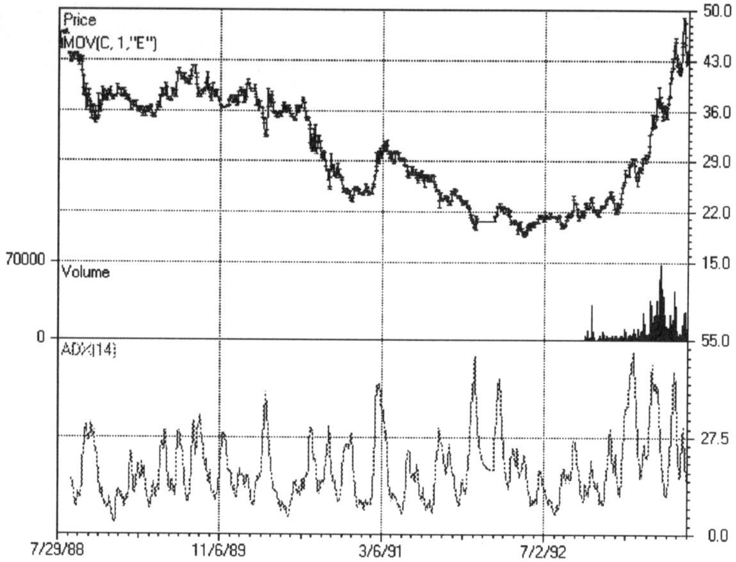

Hiermit läßt sich die Intensität eines Trends messen. Je höher der ADX-Wert, desto stärker ist die direktionale Richtung eines Marktes. Der ADX mißt die Stärke eines Trends, aber nicht die Richtung.

Mit dem ADX lassen sich trendstarke Märkte, Aktien, Währungen etc. ermitteln. Solange der ADX über 15 liegt und weiter steigt, zeigt er einen Trend. Trendfolgende Indikatoren, wie z. B. gleitende Durchschnitte, sollten hier sehr gut funktionieren. Fällt der ADX hingegen, so sind Trading-Strategien, die sich an Kontratrend-Signalen orientieren, anzuwenden.

Die Berechnung des ADX ist komplexer:

1. Berechnung des Directional Movements (DM)

2. Berechnung der True Range, die jeweils der größte Wert aus folgendem ist:
a) Abstand HIGH $_{heute}$ zu LOW $_{gestern}$
b) Abstand HIGH $_{heute}$ zu CLOSE $_{gestern}$
c) Abstand LOW $_{heute}$ zu CLOSE $_{gestern}$

3. DM/TR ; das Ergebnis kann positiv (+DI) oder negativ (-DI) sein, je nach Kursbewegung an den Tagen. Dieses Ergebnis wird i. d. R. über 14 Tage geglättet.

4. Berechnen der Differenz

$$DI_{diff} = \left\| \left[(+DI) - (-DI) \right] \right\|$$

Die Differenz ist hier als *absoluter* Betrag zu sehen. Ein negativer Wert wird positiviert!

5. Berechnen der Summe

$$DI_{sum} = \left\| \left[(+DI) + (-DI) \right] \right\|$$

6. Berechnung des ADX

$$ADX = \frac{DI_{diff}}{DI_{sum}} * 100$$

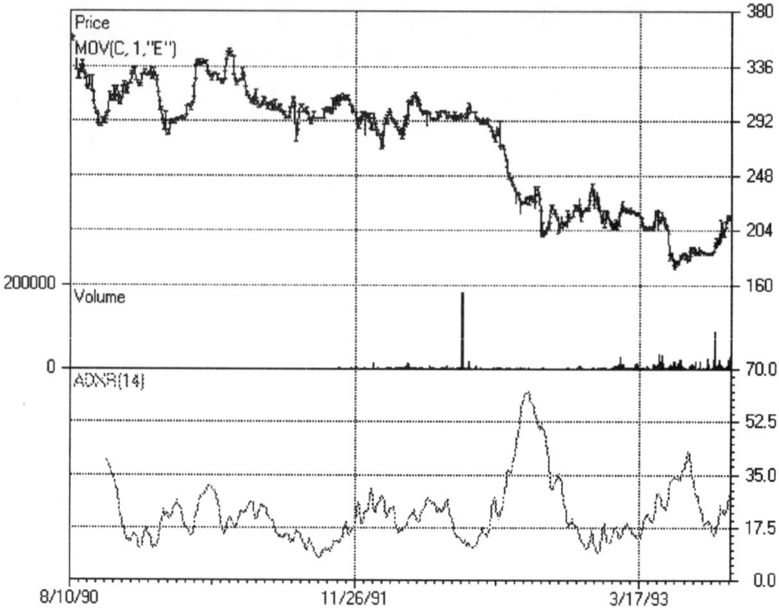

Der ADXR ist eine momentumartige Ableitung des ADX. Hierdurch werden die Schwingungen besser erkenn- und nutzbar. Wichtig für die Anwendbarkeit von Kontratrend-Indikatoren ist ein niedriger ADX.

Probleme bei ADX bzw. ADXR

Der Spike
Dieser tritt auf, wenn eine plötzliche Kursbewegung in die entgegengesetzte vorherige Richtung stattfindet. Es wird eine Trendstärke aufgrund der mathematischen Berechnung angezeigt, die nicht vorhanden ist. Dies führt zu Fehlsignalen, die zu trendorientiertem Handeln verführen, obwohl überhaupt kein Trend vorliegt.

Das Lag
Bei starken Marktveränderungen reagiert der Trendstärke-Indikator oftmals zu langsam. Das führt zu einer zu späten Umstellung der Trading-Technik von einem Seitwärtsmarkt auf Trendindikatoren. Daher sollte der Techniker immer eine parallele Instrumentalisierung von Trendfolge- und Kontratrend-Indikatoren durchführen -jeweils mit Schwerpunktausrichtung auf die aktuellen Trendverhältnisse. Hiermit lassen sich kostspielige Fehlreaktionen ver-

meiden. Oder man erhält frühzeitig eine neutrale Position an den Märkten, bis man sich über die aktuelle technische Verfassung sicherer ist.

5.5.2 Stochastics

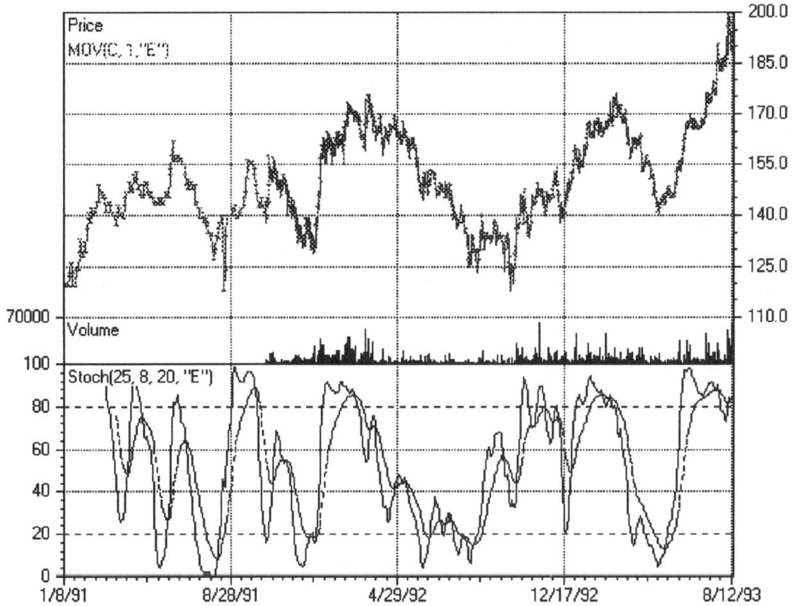

Dieser Indikator mißt die Beziehung zwischen heutigem Schlußkurs und der Spanne zwischen den Hoch- und Tiefkursen der letzten n Tage. Es existieren zwei Spielarten des Stochastics, der Fast Stochastics (%K, %D) und der Slow Stochastics (%K, %D, 3-er-MA).

Zuerst wird %K errechnet:

$$\%K = \frac{\text{Schlußkurs}_{\text{heute}} - \text{Tiefstkurs}_{\text{nTage}}}{\text{Höchstkurs}_{\text{nTage}} - \text{Tiefstkurs}_{\text{nTage}}}$$

Dann erfolgt die Berechnung von %D als geglätteter 3-er-MA von % K

Man erhält ein Kaufsignal, wenn beide Linien aus dem unteren Band (Überverkauft-Zone) herausgefallen sind und wieder nach oben in den Kanal eintreten, wobei die durchgezogene Linie die gestrichelte von unten nach oben schneiden muß. Dies ist das Signal zum Eingehen einer Long-Position.

Verkauft wird, wenn beide Linien über die obere Linie (Überkauft-Bereich) hinausgelaufen sind und wieder in den Bereich zwischen der 80-er- und der 20-er-Linie eintreten. Auch hier erhält man erst dann das Signal, wenn die durchgezogene Linie die gestrichelte von oben nach unten durchstößt. In stark trendierenden Märkten ist dieser Indikator ebenfalls anzuwenden. Hierbei ist allerdings die Philosophie eine wesentlich andere: Man beobachtet mit dem Stochastics analog zum ADX die Schwingungen der Trendstärke und achtet auf Divergenzen, um eventuelle Warnsignale über bevorstehende Trendveränderungen zu erhalten.

5.5.3 Momentum

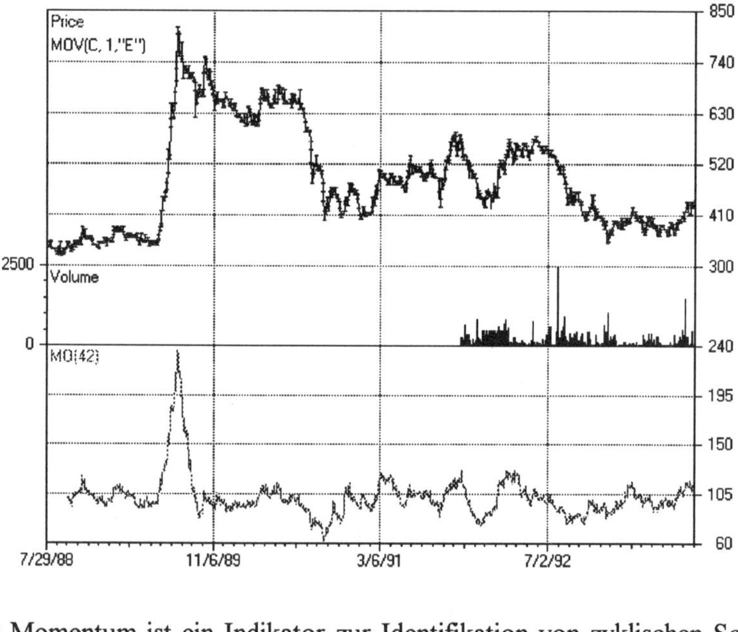

Das Momentum ist ein Indikator zur Identifikation von zyklischen Schwankungen bzw. Trends in Zeitreihen. Das Momentum gibt Auskunft über die Intensität und die Richtung der Schwingungen. Damit wird versucht, sowohl die Trendrichtung als auch die Indizien für deren Umkehr vor dem eigentlichen Eintreffen der Wende zu erkennen.

Liegt die Momentumkurve unterhalb der 100, weist der Kurs einen Abwärtstrend aus – liegt das Momentum oberhalb, so herrscht ein Aufwärtstrend. Eine Trendumkehr zeigt sich nach dem Schneiden der 100-Linie.

Problem:
Das Momentum basiert nur auf zwei Werten, zu Beginn und zu Ende des Betrachtungszeitraums. Hierdurch können Verzerrungen durch extreme Kursbewegungen auftreten.

Häufig oszilliert das Momentum an der 100-Linie, was zu Fehlsignalen führen kann. Die Wahl der Länge des Analysezeitraums ist hier ein entscheidender Faktor für die Aussagekraft der Signale.

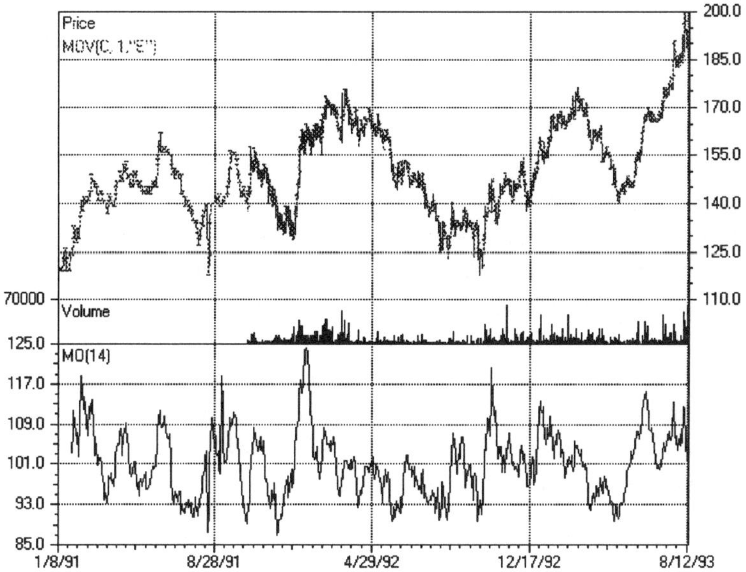

Long-Positionen werden bei Überschreiten von 100 eingegangen – ein Verkaufssignal entsteht bei einem Drehen und Unterschreiten der 100-Linie.

5.5.4 Relative Strength Index (RSI)

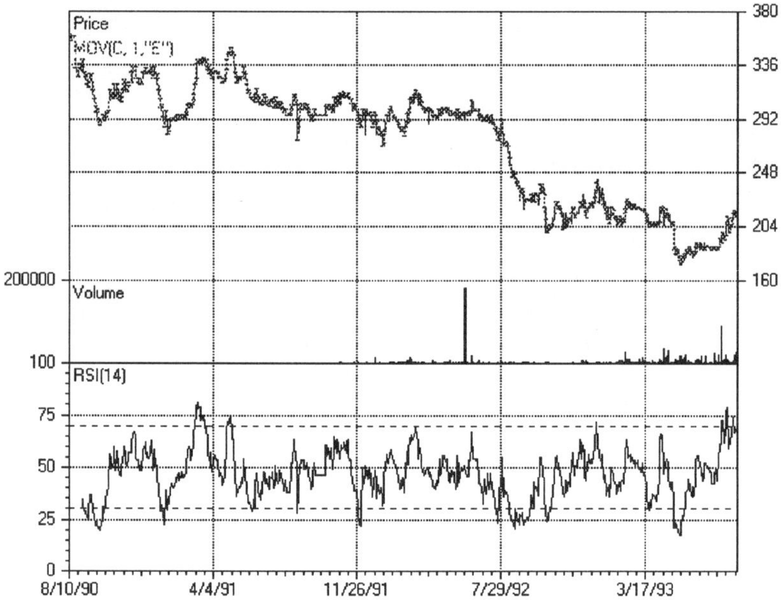

Der RSI ist ein sehr beliebtes Analyseinstrument. Er funktioniert im Trading als Kontraindikator hervorragend in Seitwärtsmärkten.

Long-/Kaufposition geht man ein im Überverkauft-Bereich (25 – 30), wenn der Indikator wieder in die Normalzone dreht. Analog zeigt der Indikator Überhitzungen des Marktes im Bereich 70 – 75 an, die zu Verkäufen genutzt werden sollten, wenn der Indikator wieder in den Normalbereich zwischen 30 und 70 dreht. In Trendmärkten ist der RSI mit äußerster Vorsicht einzusetzen. Dies wird am obigen Gewinn-/Verlust-Profil überdeutlich, bei dem der RSI rein mechanistisch angewendet wurde.

$$RSI = 100 - \frac{100}{1 + \frac{\varnothing UPclose_n}{\varnothing UPclose_n + \varnothing DOWNclose_n}}$$

Der RSI ist eine besondere Form des Momentums. Man betrachtet relative Kursveränderungen innerhalb des Berechnungszeitraums, während beim Momentum nur der jeweils erste und letzte Wert für die Berechnung herangezogen werden. Aus den UPclose- und den DOWNclosekursen werden für die Periode n (meist 14 Tage) die Durchschnittswerte ermittelt.

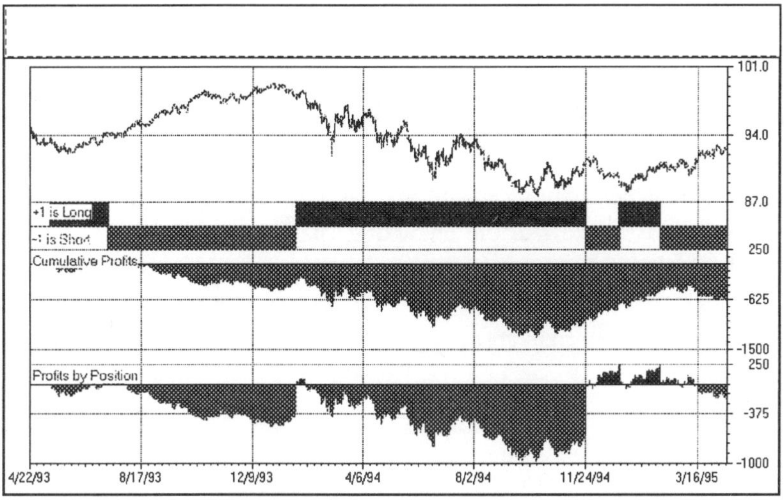

Der Indikator bietet Interpretationsmöglichkeiten zur Trendbestätigung: Der Indikator sollte keine Divergenzen zum Kursverlauf aufweisen, dann ist der Trend noch in Ordnung. Beispielsweise ist ein Trend gefährdet, wenn ein Titel ein neues Hoch bildet, das vom RSI nicht bestätigt wird.

Der RSI läßt sich auch mit Mitteln der konventionellen Chartanalyse, z. B. Trendlinien mit dem Kurs des Basiswertes vergleichbar machen. RSI-Divergenzen kennzeichnen oftmals wichtige Tops oder Bottoms in Trendmärkten. Wird ein Hoch des analysierten Mediums nicht durch ein Hoch im Indikator bestätigt, so ist Vorsicht angebracht.

5.6 Volatilitätsbasierte Strategien

Hier gibt es zwei unterschiedliche „Philosophien“. Das erste Lager geht davon aus, daß Markt-Tops von einer erhöhten, Markt-Bottoms hingegen von einer verminderten Volatilität begleitet werden.

Die andere Denkrichtung nimmt an, daß ein Anstieg der Volatilität in einer kurzen Periode ein Bottom ankündigt (panikartiger Sell-Off). Eine Abnahme der Volatilität indiziert ein nahendes Top (mature bull-market).

Chaikins Volatility Indikator

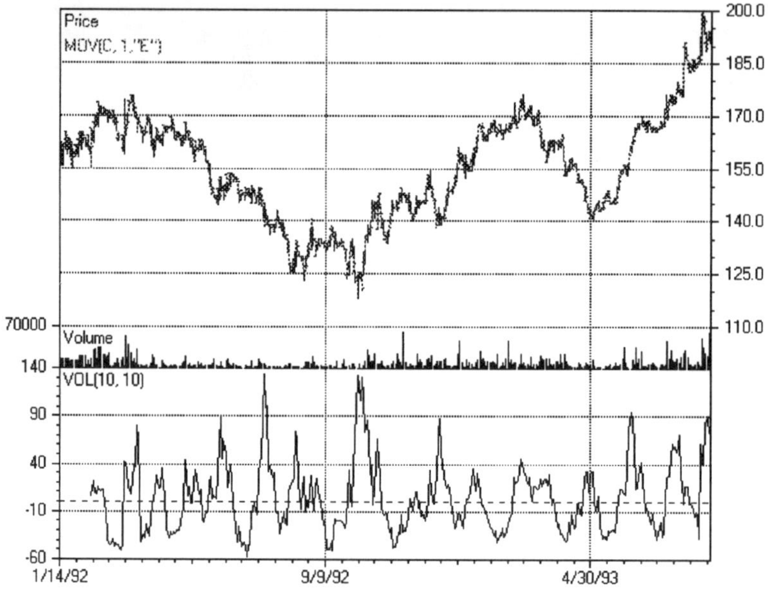

Dieser Indikator berechnet die Volatilität nicht nach der statistischen Methode der Varianz oder Standardabweichung, sondern aus der Differenz zwischen High und Low eines Tages. Diese Differenz wird mit dem aktuellen Kurs gewichtet und daraus ein exponentiell geglätteter gleitender Durchschnitt gerechnet.

Chaikin geht davon aus, daß ein anwachsender Spread zwischen High- und Low-Kursen eine wachsende Volatilität in dem Wertpapier anzeigt. Dieses ist wiederum ein Indikator für wichtige nahende Tops oder Bottoms.

Wilders Volatility Indikator

Wilder weicht ebenfalls von den statistischen Methoden ab:

Er kalkuliert den Indikator als gleitenden Durchschnitt der TR (True Range), die im ADX berechnet wird. Die Anwendungsmöglichkeiten dieses Indikators lassen sich sehr gut über eine Korrelationsanalyse bestimmen. Hierbei vergleicht man die Beziehungen zwischen Kursverhalten und Indikatorverhalten sowie deren Prognosegüte. Diese Analyse empfiehlt sich gerade für die Volatilitätsindikatoren. Wichtig dabei ist, daß man unterschiedliche und fraktale Zeiträume im Kursbild untersucht. Divergenzanalysen in Volatilität und Kursverhalten erscheinen ebenfalls nach aller Erfahrung als sinnvolle Ergänzung zum technischen Gesamtbild eines Marktes oder Einzeltitels.

5.7 Einsatz von Trading-Systemen

Zur offensiven Überwachung der eigenen Portfoliopositionen sollten ebenfalls Warnsignale aus der technischen Analyse mit aufgezeichnet werden. Dies läßt sich durch den Aufbau eines eigenen Handels- oder Trading-Systems bewerkstelligen.

Ein Handelssystem sollte prinzipiell folgende Bedingungen erfüllen:

- Es hat als oberstes Gebot dem Prinzip „KISS" zu folgen – keep it simple and stupid!
- Es ist auf den Markt oder das zu tradende Marktsegment abgestimmt.
- Es existieren Einstiegsdefinitionen für den Trendmarkt.
- Es bestehen Einstiegsdefinitionen für den Seitwärtsmarkt.
- Ausstiegsdefinitionen sind festgelegt.
- Das System muß objektiv und strikt normiert sein – es darf keine weiteren Interpretationen zulassen.

Nachfolgend ein Test Summary am Beispiel Bund-Future. Getestet wurde die Einsetzbarkeit des Directional Movement. Das System hat von selbst eine Optimierung auf 50 Tage vorgenommen.

Gewinn/Verlust ges.:	601,37%	Gewinn/Verlust p.a.:	165,04%
Kapitaleinsatz:	10.000,00	Anzahl Testtage:	1330
Transaktionen:	20	gezahlte Gebühen:	3075,00

Die Zahlen erscheinen auf den ersten Blick vielversprechend – doch sie sind eingehender zu studieren.

Beim Aufbau eines Allokationssystems sind folgende Kriterien möglichst profitabel zu definieren:

- Einstiegssignale
- Ausstiegssignale
- Drawdown
- das optimale „F"
- Stops

Die Einstiegssignale sollten so getestet werden, daß im System noch keine Stops oder irgendwelche Ausstiegssignale eingetragen sind. Dann definieren Sie einen Ausstieg nach 5, 10, 20 und 30 Tagen. So steigt das System automatisch und marktunabhängig aus, und Sie können ablesen, wie erfolgreich die Einstiegssignale sind:

Erzielen Sie auf 5 Tage die besten Resultate, aber bei den längerfristigen Perioden Verluste, so funktioniert Ihr System für kurzfristige Trades hervorragend – es ist allerdings nicht geeignet für längerfristige Ziele. Analoges gilt für schlechte 5 Tages-Resultate, aber gute 10-Tages-Werte – das System scheint also von seiner Grundkonstruktion her in Ordnung, es bestehen noch Möglichkeiten zu einer Verbesserung.

Wenn ein Einstiegssystem wertvoll sein soll, muß es bessere Ergebnisse bringen als ein Zufallseinstieg. Es gilt die Regel, daß ein solches System mindestens über 55% der Einstiege profitabel sein muß, um diese Bedingung zu erfüllen. Wichtig ist, daß in das System später implantierte Stops diesen Wert wieder herunterziehen werden. Also: je höher die beim reinen Einstiegstest erzielte Trefferquote liegt, desto besser.

Oft wird der Fehler begangen, daß bei einem System, das eingangs mit 70:30 Gewinnwahrscheinlichkeit startete und das nach Einführung von Ausstiegsregeln oder Stops nur noch 35% Trefferquote aufweist, die Einstiegssignale modifiziert werden. Endeffekt ist häufig, daß ein gutes System ad acta gelegt wird, weil der schwache Punkt (die Stops) nicht als schwacher Punkt erkannt wird.

Dies kann durch die obige isolierte Betrachtung des Einstiegskriteriums vermieden werden.

Der Drawdown ist definiert als die maximale Differenz zwischen dem höchsten Punkt Ihres Kapitalwertes und dem nachfolgenden niedrigsten Tiefpunkt in einer Trading-Periode. Er sollte stark beobachtet werden, denn er gibt gute Hinweise auf gefährliche Tendenzen: Handelsergebnisse, die sich dem maximalen Drawdown nähern oder der maximalen Anzahl von Verlusten in Folge, sind dabei, sich selbst zu zerstören.

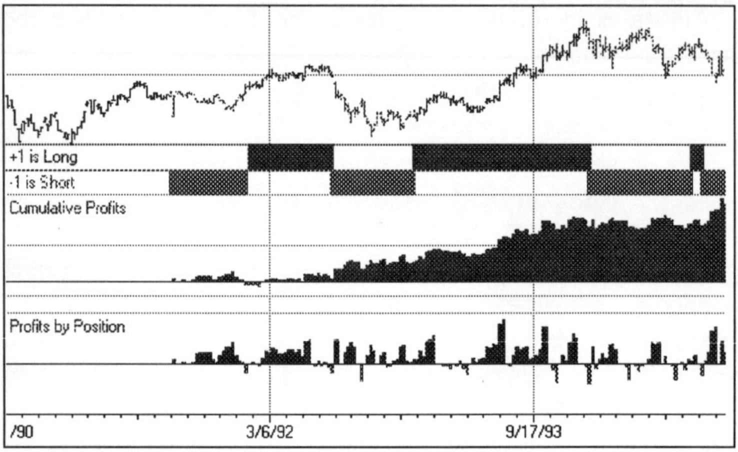

Interessant sind die Profits by Position. Unter Transaktionskostenpunkten erscheint diese Trading-Strategie ebenfalls interessant. Die Anzahl der Transaktionen muß über 30 liegen, um statistisch signifikante Ergebnisse zu erhalten. Dabei ist es sinnvoll, die Handelssysteme downward up zu testen. Das bedeutet, daß man am Anfang z. B. einer 30 Jahres-Periode ein System auf die ersten 4 Jahre testet. Ist es profitabel, so wird der Test auf die 4 Jahre und die 2 folgenden ausgeweitet und optimiert. So lassen sich dann die Ergebnisse objektiver bewerten.

Der Test eines definierten Systems sollte folgende Punkte analysieren:

Netto-Profit
Ist diese (gute) Zahl durch wenige, einzelne Trades hervorgerufen worden, so ist dieses Ergebnis mit Vorsicht zu genießen. Wenige seltene Marktbewegungen können den Netto-Profit so positiv verzerren, daß in der Realität enorme Verluste auftreten.

Maximum Profit/Maximum Loss
Dies definiert die Extremwerte eines Systems, die von erfahrenen Tradern dann aus der Testreihe eliminiert werden, wenn sie den Netto-Profit wesentlich initiiert haben. Maximum-Loss-Werte lassen sich z. B. über Stops ausschalten. Dieser Marke sollte wesentlich mehr Beachtung geschenkt werden, da hieran eventuell ein Denkfehler in Ihrem Trading-System erkannt werden kann.

Die größte aufeinanderfolgende Zahl von Gewinner-Trades/Verlust-Trades
Diese Kennziffer kann Ihrem Nervenkostüm zuträglich sein. Sie gibt Ihnen Aufschluß darüber, wie viele Verlust-Trades Sie mit Ihrem System nacheinander erleiden können. Eine interessante Aussage liefert auch das Verhältnis Verlierer-Trades zu Gewinner-Trades.

Standardabweichung
Eine wichtige Kennziffer für die Güte Ihres Handelssystems ist die Standardabweichung der Handelsresultate. Fällt diese sehr hoch aus, bedeutet das sehr unterschiedliche/volatile Trading-Ergebnisse. Das optimale System ist das mit der geringsten Volatilität, da es eine weitgehend konstante Portfolio-Entwicklung verspricht.

Nachfolgend eine Analyse des Bund-Futures mit dem PDI-/DMI-Indikator auf einen optimierten 50-Tage-Durchschnitt:

Durchschnittlicher Gewinn pro Transaktion (10.000,- DM Kapitaleinsatz): 1.832,46 DM			
Käufe:	10	Verkäufe:	10
Positive Kauftransaktionen:	4	Positive Verkaufs–transaktionen:	3
Gewinn-Trades:	7	Verlust-Trades:	13
Gewinne kumuliert:	53.853,20	Verluste kumuliert:	– 17.322,28
durchschnittl. Gewinn:	7.693,31	durchschnittl. Verlust:	– 1.332,48
größter Gewinn:	25.888,02	größter Verlust:	– 4.184,38
durchschnittl. Dauer Gewinn-Trade (Tage):	101,43	durchschnittl. Dauer Verlust-Trade (Tage):	8,08
Längster Gewinn-Trade in Tagen:	204	längster Verlust-Trade:	19
Längste folgende Gewinne in Tagen:	2	längste folgende Verluste in Tagen:	8
Tage aus dem Markt:	51	System close Drawdown:	– 3.804,20
durchschn. aus dem Markt:	51	System open Drawdown:	– 3.879,20
längste Tage aus dem Markt:	51	Max open trade Drawdown:	– 6.042,78
		Profit/Loss index:	77,64
Zinserträge:	118,36	Reward/Risk index:	93,94

Es folgt die Analyse eines Trendfolgemodells mit zwei gleitenden Durchschnitten. Es wurden jeweils ein 25- und ein 50-Tage-Durchschnitt verwendet. Der gehandelte Basiswert ist der Bund-Future.

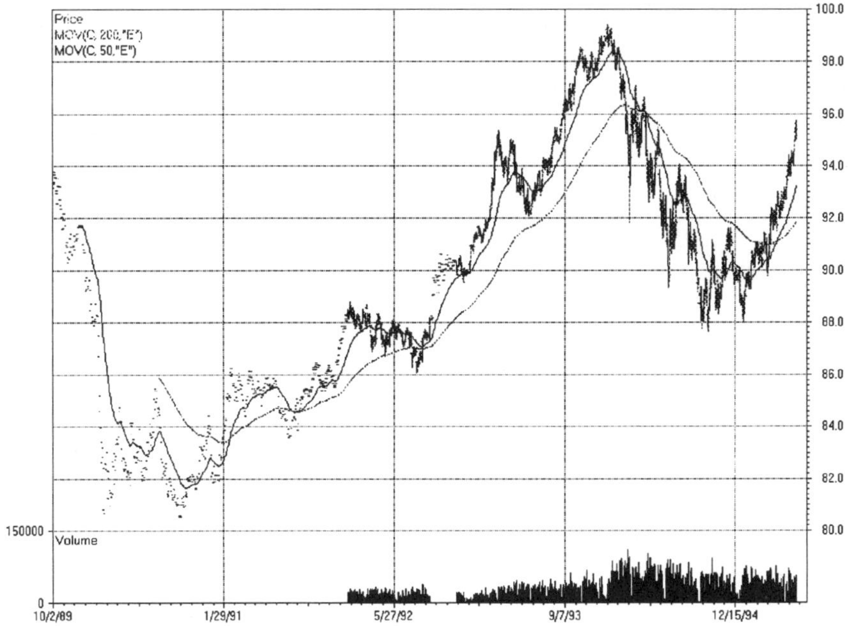

Die Handelsregeln basieren auf der einfachen Überkreuztechnik, es wurde ohne Profit-Sicherungs-Stops oder andere Beschränkungen gearbeitet. Das System kennt nur Long- und Short-Positionen.

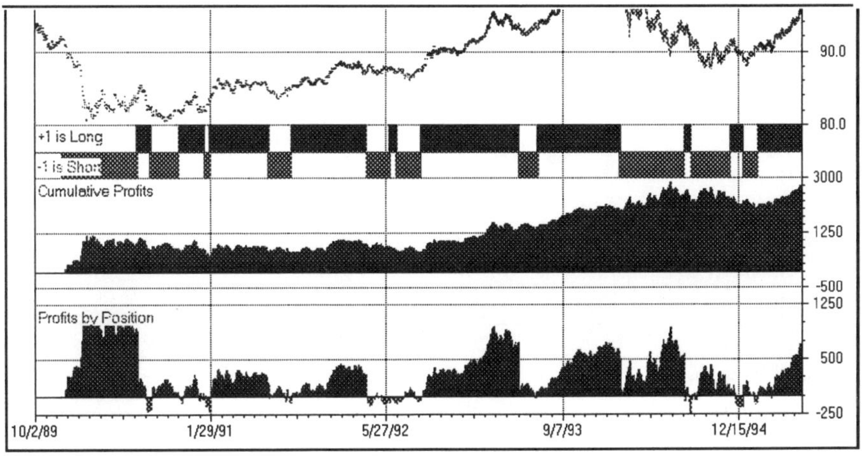

Betrachtet man die Ergebnisse des Systems, so erscheint die Auswirkung vielversprechend. Allerdings sind hier noch nicht die anfallenden Transaktionskosten in Form von Margins und Gebühren eingerechnet.

Actions	Trades Total	Trades Win	Trades Loss	Percent Win	Percent Loss
All Longs	10	5	5	50	50
All Shorts	10	2	8	20	80
All Closed	19	6	13	31,578	68,421
All Open	1	1	0	100	0
All Trades	20	7	13	35	65
Summary	20	7	13	35	65

Die genauere Analyse läßt allerdings schnell ernüchtern:

Actions	Total Commissions	Total Profit	Total % Gain	Runs Win	Runs Loss
All Longs	1014,05	386,55		2,00	2,00
All Shorts	1000,90	16,68		1,00	6,00
All Closed	1913,13	– 21,84		2,00	4,00
All Open	101,82	425,08		1,00	0,00
All Trades	2014,95	403,24		2,00	4,00
Summary	2014,95	403,24	4,03	2,00	4,00

Mehr als das Vierfache des Ertrages wurde an Transaktionskosten gezahlt. Das eingesetzte Kapital verzinste sich mit 4,03% mehr als bescheiden. Ein weiterer Blick auf die Systemkennzahlen macht dies noch deutlicher:

Actions	Maximum Profit	Maximum Loss	Maximum Drawdown
All Longs	551,43	– 303,24	– 303,24
All Shorts	773,96	– 276,16	– 276,16
All Closed	773,96	– 303,24	0,00
All Open	425,08	0,00	0,00
All Trades	773,96	– 303,24	– 303,24
Summary	773,96	– 303,24	– 303,24

Ein anderes System, das auf dem Stop-and-Reverse-Modell des Parabolic beruht, soll nunmehr damit verglichen werden:

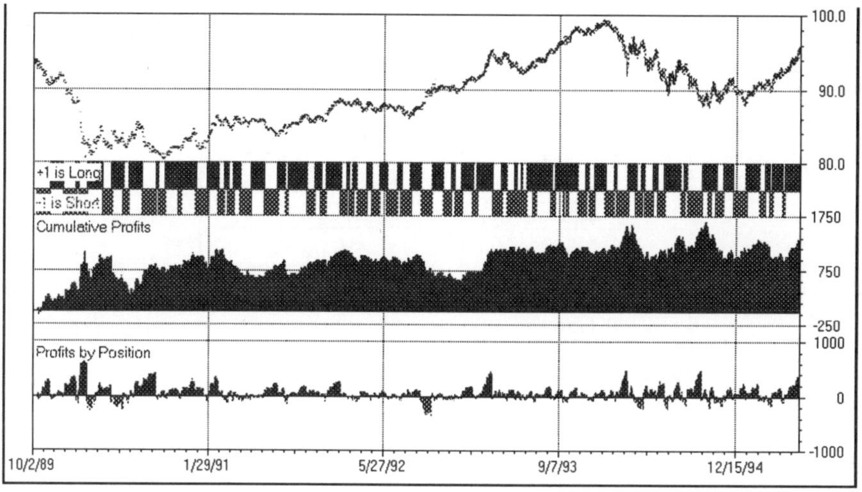

Actions	Trades Total	Trades Win	Trades Loss	TradesStop	Percent Win	Percent Loss
All Longs	49	21	28	0	42,86	57,14
All Shorts	49	20	29	0	40,82	59,18
All Closed	97	40	57	0	41,24	58,76
All Open	1	1	0	0	100,00	0,00
All Trades	98	41	57	0	41,84	58,16
Summary	98	41	57	0	41,84	58,16

Actions	Total Profit	Max. Profit	Max. Loss	Max. Drawdown
All Longs	889,02	361,08	– 237,56	– 266,59
All Shorts	432,13	524,33	– 337,59	– 337,59
All Closed	960,07	524,33	– 337,59	0,00
All Open	361,08	361,08	0,00	0,00
All Trades	1321,15	524,33	– 337,59	– 337,59
Summary	1321,15	524,33	– 337,59	– 337,59

Average Win	Average Loss	Median Win	Median Loss	Total % Gain
145,89	– 81,76	104,83	– 65,31	13,21

5.7.1 Wahrscheinlichkeitstest

Mit dem Wahrscheinlichkeitstest bestimmt man die Konfidenzintervalle von Gewinn- und Verlustperioden eines Systems. Der Buchstabe Z stammt aus der Wahrscheinlichkeitsrechnung und bestimmt die Anzahl der Standardabweichungen, die um den Mittelwert gestreut sind.

Z	Stärke
3,00	99,73
2,33	98,00
2,05	96,00
2,00	95,45
1,96	95,00
1,64	90,00

Das wird wiederum umgerechnet in ein Wahrscheinlichkeitsmaß der Stärke der Streuung. Oder anders ausgedrückt, man findet bei einem Z von 2 (= 2 Standardabweichungen) 95% der untersuchten Daten innerhalb dieser 2 Standardabweichungen um den Mittelwert herum.

Wendet man diese statistische Methode auf ein eigenes Handelssystem an, so sollte man mindestens 30 abgeschlossene Transaktionen für eine Untersuchung zur Verfügung haben. Ansonsten ist die Analyse des Z nicht aussagefähig. Man untersucht hierbei die Fragen: Wie viele Gewinn-Transaktionen können wir aus dem untersuchten Trading-System erwarten? Entspricht die Anzahl der Gewinne und Verluste des Systems den von uns erwarteten Werten?

$$Z = \frac{N*(R-0{,}5)-X}{\sqrt{\frac{X*(X-N)}{N-1}}}$$

mit N = gesamte Anzahl der Transaktionen
R = Anzahl Gewinn- oder Verlustphasen
X = 2 * Anzahl Gewinn-Trades * Anzahl Verlust-Trades

Hierzu ein Zahlenbeispiel:

Folgende Transaktionsergebnisse sollen vorliegen (normalerweise sollten es mindestens dreißig Werte sein!):

– 3, +2, +7, – 4, +1, – 1, + 1, +6, – 1, 0, – 2, +1

Der Nettoprofit beträgt +7. Die Gesamtzahl der Transaktionen N = 12. Es geht bei der Analyse nicht darum, *wie groß* die einzelnen Gewinne oder Verluste sind, sondern *wie viele* aufgetreten sind. Also 6 Gewinn-Trades und 6 Verlust-Trades – die Zahl R ergibt sich aus den zusammenhängenden Gewinn- und Verlustphasen (dabei zählt das Ergebnis 0 als Verlustphase!):

–	+ +	–	+	–	+ +	– – –	+
1	2	3	4	5	6	7	8

R beträgt also 8.

$$Z = \frac{12 * (8 - 0{,}5) - 72}{\sqrt{\frac{72 * (72 - 12)}{12 - 1}}} = 0{,}9082951063$$

Nun ist Z nur noch in der Normalverteilungstabelle zu konvertieren, um die Verteilungswahrscheinlichkeit zu ermitteln. Das Ergebnis ist 63,19% und besagt, daß in 63,19% der Fälle ein Zusammenhang zwischen der Anzahl von Gewinnen und Verlusten dieses Systems besteht. Um einen wirklich signifikanten Zusammenhang zwischen Gewinn- und Verlust-Trades herzustellen, ist eine höhere Wahrscheinlichkeit erforderlich – Statistiker empfehlen eine Wahrscheinlichkeit von mehr als 99%, um überhaupt einen Zusammenhang in der Abfolge von Gewinnen und Verlusten eines Handelssystems festzustellen.

Eine ähnliche Möglichkeit liegt in der Korrelationsanalyse der Gewinne und Verluste. Die Berechnung und Interpretation der Korrelation wurde bereits eingangs beschrieben. Als Fazit der beiden Analysen kann auf die Höhe der Wahrscheinlichkeit eines einem Verlust-Trade folgenden Gewinn-Trades geschlossen werden. Ist diese hoch, so bedeutet dies, daß nach einem Verlust-Trade eine höhere Handelsposition über das System aufzubauen ist, da nunmehr ein Profit erwartet werden kann.

Eine weitere wichtige Größe im Money Management eines Systems ist neben der Gewinn-/Verlust-Wahrscheinlichkeit der zu erwartende Betrag aus der Transaktion. Hierzu ist die Wahrscheinlichkeit der Ertrags-/Verlust-Höhe möglichst nahe zu schätzen oder zu berechnen. Eine Möglichkeit der Abschätzung ist das Festmachen von Profitperspektiven oder Verlustmöglichkeiten an charttechnischen Unterstützungs- und Widerstandszonen oder das Berechnen von Kurszielen nach der Point & Figure-Technik.

Erwartungswert = $\sum (P_i * A_i)$
mit P = Wahrscheinlichkeit Gewinn/Verlust A = Gewinn-/Verlust-Betrag

Besteht beispielsweise die Chance 50:50, bei einem Kursanstieg 10 Maßeinheiten (egal ob in % oder DM) Profit oder 5 Maßeinheiten Verlust zu realisieren, so berechnet sich der Erwartungswert wie folgt:

$(0{,}5 * 10) + (0{,}5 * -5) = 5 - 2{,}5 = 2{,}5$

Damit besteht die Erwartung, durchschnittlich pro Trade 2,5 Maßeinheiten Profit zu erwirtschaften. Ist das Chance-Risiko-Verhältnis ungünstig, weist das System also einen negativen Erwartungswert aus, so wird dieses Trading-System nur Geld kosten.

Als Beispiel hierfür soll das Setzen auf eine Zahl beim Roulette dienen. Insgesamt gibt es 38 Möglichkeiten, mit der Chance im Gewinnfall das 35-fache des Einsatzes zu verdienen. Der Erwartungswert für dieses Spiel beträgt:

$$\begin{aligned} EW &= ((1/38) * 35) + ((37/38) * -1) = \\ &= 0{,}02631578947 * 35 + 0{,}9736842105 * -1 = \\ &= -0{,}05263157903 \end{aligned}$$

Wettet man pro Durchgang 10,- DM, so erwartet man durchschnittlich einen Verlust pro Wette von 52,63 Pfennigen. Würde man nun erst 1,- DM, dann 10,- und danach 5,- einsetzen, so beträgt die Gesamterwartung:

$EW = -0{,}0526 * 1 + -0{,}0526 * 10 + -0{,}0526 * 5 = -0{,}84$ DM

Würde man lange genug weiterwetten, so ist es sicher, daß man am Ende sein gesamtes Einsatzkapital verliert. Hier wird deutlich, daß ein Handelssystem mit negativem Erwartungswert dazu verdammt ist, unprofitabel zu sein. Durch konsequentes Money Management läßt sich jedes Trading-System mit einem positiven Erwartungswert exponentiell steigern! Dabei spielt es keine Rolle, wie groß dieser Erwartungswert ist.

5.7.2 Das optimale F

Gewinne und Verluste eines Handelssystems variieren normalerweise ständig. Das optimale f ist der Prozentsatz des Kapitals, der pro Trade und pro gehandelter Einheit investiert werden sollte, um bei einer gegebenen Gewinn-/Verlust-Wahrscheinlichkeit den höchstmöglichen Ertrag zu erzielen. Gleichzeitig soll das optimale f verhindern, daß die Kapitalbasis durch Fehltrades zu stark geschmälert wird. Um das optimale f zu ermitteln, ist das Trading-System zuerst auf die folgenden Holding-Period-Returns (HPR) zu untersuchen.

$$\text{HPR} = \quad + f * \left(\frac{-Trade_i}{größterVerlust}\right)$$

mit – Trade = Gewinn oder Verlust jedes Trades (Gewinne haben ein negatives Vorzeichen und Verluste ein positives)
größter Verlust (immer ein negatives Vorzeichen)

Diese HPRs werden nunmehr miteinander multipliziert, dadurch erhält man den geometrischen TWR, den sogenannten Terminal Wealth Relative. Diese Kennzahl ermittelt das geometrische Wachstum des Portfolios durch das Handelssystem.

$$\text{TWR} = \prod_{i=1}^{n} \left(1 + f * \left(\frac{-Trade_i}{größterVerlust}\right)\right)$$

mit n = Anzahl der Transaktionen

Nunmehr werden mit f alle Werte durchgespielt von 0,01 bis 1. Die einzelnen HPRs werden dabei multiplikativ miteinander verknüpft. Das f, das den höchsten TWR-Wert aufweist, ist das optimale f. Das Vorgehen sollte dabei in 0,01-Schritten erfolgen. Dabei ist es nicht erforderlich, die komplette Bandbreite zu interpolieren. Es genügt, wenn man das f so lange berechnet, bis sein Maximum erreicht ist und es wieder fällt. Wie man aus der nachfolgenden Grafik ersehen kann, existiert nur ein Maximum.

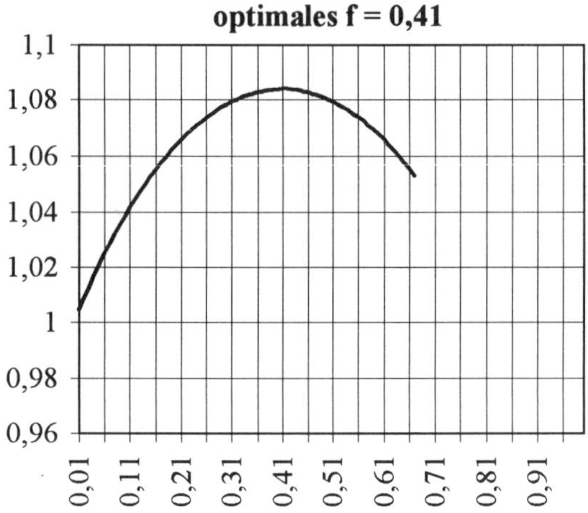

$$\text{geometrischer Mittelwert TWR} = TWR^{\frac{1}{n}}$$

Um die Berechnung nachvollziehbar zu machen, ist nachfolgende Tabelle beigefügt. Die wichtigste Spalte ist die Trade-Spalte – hier sind die einzelnen Transaktionen des Handelssystems aufgelistet. Das hier dargestellte System ist ein einfaches Moving-Average-Cross-Over ohne Stops oder andere Beschränkungen. Es hat im Analysezeitraum insgesamt 19 Transaktionen generiert. Der Maximalverlust betrug –230 Geldeinheiten. Das erste HPR in der Spalte f = 0,01 berechnet sich wie folgt:

$$HPR = 1 + 0{,}01 \cdot (-877/-230)$$

Aus den nachfolgenden Ergebnissen wird der geometrische Mittelwert von TWR errechnet. Dies ist so lange erforderlich, bis der TWR wieder fällt.

Das f mit dem maximalen geometrischen Mittelwert TWR oder dem maximalen TWR ist das optimale f. Da beide einen identischen Extrempunkt aufweisen, spielt es keine Rolle, welcher zur Ermittlung des f Verwendung findet. Im vorliegenden Trading-System beträgt das optimale f 0,41.

Das TWR bei f = 0,41 beträgt 4,6347. Dies bedeutet, daß man das 4,6347-fache aus dem eingesetzten Kapital macht oder daß man 363,47% Gewinn aus dem investierten Kapital ziehen kann.

f	geo TWR	Trade	f = 0,01	f = 0,02	f = 0,03	f = 0,04
0,01	**1,0046**	877	1,0381	1,0763	1,1144	1,1525
0,02	**1,0090**	- 169	0,9927	0,9853	0,9780	0,9706
0,03	**1,0133**	17	1,0007	1,0015	1,0022	1,0030
0,04	**1,0174**	- 27	0,9988	0,9977	0,9965	0,9953
0,05	**1,0213**	- 182	0,9921	0,9842	0,9763	0,9683
0,06	**1,0250**	154	1,0067	1,0134	1,0201	1,0268
0,07	**1,0286**	- 63	0,9973	0,9945	0,9918	0,9890
0,08	**1,0321**	265	1,0115	1,0230	1,0346	1,0461
0,09	**1,0354**	- 83	0,9964	0,9928	0,9892	0,9856
0,10	**1,0386**	- 93	0,9960	0,9919	0,9879	0,9838
0,11	**1,0417**	- 49	0,9979	0,9957	0,9936	0,9915
0,12	**1,0446**	727	1,0316	1,0632	1,0948	1,1264
0,13	**1,0474**	29	1,0013	1,0025	1,0038	1,0050
0,14	**1,0501**	506	1,0220	1,0440	1,0660	1,0880
0,15	**1,0526**	581	1,0253	1,0505	1,0758	1,1010
0,16	**1,0551**	- 230	0,9900	0,9800	0,9700	0,9600
0,17	**1,0574**	14	1,0006	1,0012	1,0018	1,0024
0,18	**1,0596**	- 157	0,9932	0,9863	0,9795	0,9727
0,19	**1,0618**	- 63	0,9973	0,9945	0,9918	0,9890
		TWR	**1,0046**	**1,0090**	**1,0133**	**1,0174**

Das getestete Handelssystem mit dem höchsten geometrischen TWR ist das interessanteste, da diese Kennzahl die langfristige Wachstumsrate des Systems mißt. Um nun den Kapitaleinsatz pro Transaktion zu bestimmen, wird der größte Verlust des Systems durch das negative optimale f dividiert:

$$\text{Kapitaleinsatz} = \frac{-230}{-0,41} = 560,97 \text{ DM}$$

Das optimale f hält die Balance zwischen der Profitfähigkeit und der Verlustwahrscheinlichkeit eines Handelssystems. Wichtig ist, daß diese Kalkulation auf Basis einer Handelseinheit – also beispielsweise eines Futures, einer Aktie etc. – durchgeführt wird. Pro gehandelter Einheit sollte der Investor also nicht mehr als 560,97 DM „riskieren“.

Was „verdient“ ein Handelssystem im langfristigen Durchschnitt? Diese Frage läßt sich auch über das optimale f beantworten. Unser obiges System hat einen geometrischen TWR von 1,084, der größte Verlust beträgt – 230,- DM und das optimale f = 0,41.

$$\text{Durchschnittliches Ergebnis pro Trade} = (1{,}084 - 1) * \frac{-230}{-0{,}41} = 47{,}12 \text{ DM}$$

Die 47,12 DM sind pro Trade und pro gehandelter Handelseinheit im Durchschnitt zu erwarten. Das optimale f gibt allerdings auch einen wichtigen Hinweis auf den zu erwartenden Drawdown. Er beträgt mindestens soviel wie das optimale f! Konkret bedeutet das, daß ein optimales f = 0,55 einen mindestens zu erwartenden Drawdown des Handelssystems von 55% oder mehr signalisiert – das heißt, daß im Verlauf des Tradings einmal nur noch 45% des eingesetzten Kapitals zur Verfügung stehen! Diese Gefahr kann durch konsequente Diversifikation gemildert werden.

Über Korrelationsanalysen lassen sich so verschiedene, im Idealfall gegenläufige Ertragsmuster in den Einzeltiteln aufbauen, die unter Zuhilfenahme des optimalen f zu guten Erträgen führen.

5.7.3 Drawdown-Kennzahlen

System Close Drawdown

Der größte Positionsverlust in Relation zum anfänglich investierten Kapital, der auf abgeschlossenen Transaktionen beruht. Diese Kennzahl zeigt die maximale Spanne, die eine Position nach Abschluß des Gegengeschäftes verloren hat.

System Open Drawdown

Zeigt den größten Positionsverlust nach eröffneten Handelspositionen auf. Hiermit erhält man ein Indiz für die maximale Nervenbelastung durch ein Handelssystem, wenn der Markt nach Eröffnung der Position in die andere Richtung läuft. Diese Zahl dient als Richtwert, der die Auswirkungen der Marktvolatilitäten auf eigene Positionen sehr deutlich macht.

Max Open Trade Drawdown
Der größte Verlust in einer Handelsposition, der zu irgendeinem Zeitpunkt aufgetreten ist. Die Interpretation dieser Kennziffer korrespondiert mit dem System Open Drawdown.

Profit/Loss-Index
Dieser Index vergleicht den Betrag der Gewinner-Trades mit den Verlierer-Trades. Liegt der Nettoprofit über oder bei Null, so wird der Nettoprofit ins Verhältnis zur Summe aus

- Gesamtbetrag der profitablen Trades
- Zinserträgen für die Zeit, in der das System dem Markt fernbleibt
- Wert der aktuell noch offenen Position

gesetzt. Ist der „Profit" negativ, so wird er in Relation zum Gesamtbetrag aller negativ verlaufenen Engagements und dem Wert der aktuell offenen Position gesetzt. Diese Zahl zeigt, je höher sie ausfällt, eine starke Sicherheit für künftige positive Transaktionen an.

Reward-Risk-Index
Analog zum Profit/Loss-Index werden Risiko und Ertrag analysiert. Als Maß für das Risiko dient der System Open Drawdown, der Ertrag ist der Nettoertrag nach Abzug aller Transaktionskosten und nicht profitablen Trades.

5.8 Einsatz von Optionen

5.8.1 Charakterisierung

Es gibt zur Zeit an der DTB folgende Optionen auf die Futures, mit denen sich Rententitel abbilden lassen:

Kontraktgröße:	**1 Bund-Future**
Letzter Handelstag:	6 Börsentage vor dem ersten Kalendertag im Liefermonat des zugrundeliegenden Bund-Futures.
Verfallstag:	Börsentag nach dem letzten Handelstag.
Verfallsmonate:	Die drei nächstliegenden Monate und die beiden folgenden Zyklusmonate (März/Juni/September/Dezember).
Erfüllungstag:	Täglicher Gewinn-/Verlust-Ausgleich; durch Ausübung wird für Käufer und Verkäufer eine entsprechende Position im Future eröffnet – sie besteht am Börsentag nach Ausübung.
Preisnotierung:	Es werden mindestens neun Basispreise notiert; vier im Geld, einer am Geld, vier aus dem Geld.
Basispreisintervalle:	In 0,50-Punkte-Abständen.
Tick:	0,01 Punkte = DM 25
Täglicher Abrechnungspreis:	Preis letztes Geschäft der letzten 15 Handelsminuten
Schlußabrechnungspreis (FSP):	wie täglicher Abrechnungspreis

Kontraktgröße:	**1 Bobl-Future**
letzter Handelstag:	6 Börsentage vor dem ersten Kalendertag im Liefermonat des zugrundeliegenden Bobl-Futures.
Verfallstag:	Börsentag nach dem letzten Handelstag.
Verfallsmonate:	Die drei nächstliegenden Monate und die beiden folgenden Zyklusmonate (März/Juni/September/Dezember).
Erfüllungstag:	Täglicher Gewinn-/Verlust-Ausgleich; durch Ausübung wird für Käufer und Verkäufer eine entsprechende Position im Future eröffnet – sie besteht am Börsentag nach Ausübung.
Preisnotierung:	Es werden mindestens neun Basispreise notiert; vier im Geld, einer am Geld, vier aus dem Geld.
Basispreisintervalle:	In 0,25-Punkte-Abständen.
Tick:	0,01 Punkte = DM 25
Täglicher Abrechnungspreis:	Preis letztes Geschäft der letzten 15 Handelsminuten.
Schlußabrechnungspreis (FSP):	wie täglicher Abrechnungspreis.

Preisbildung einer Option

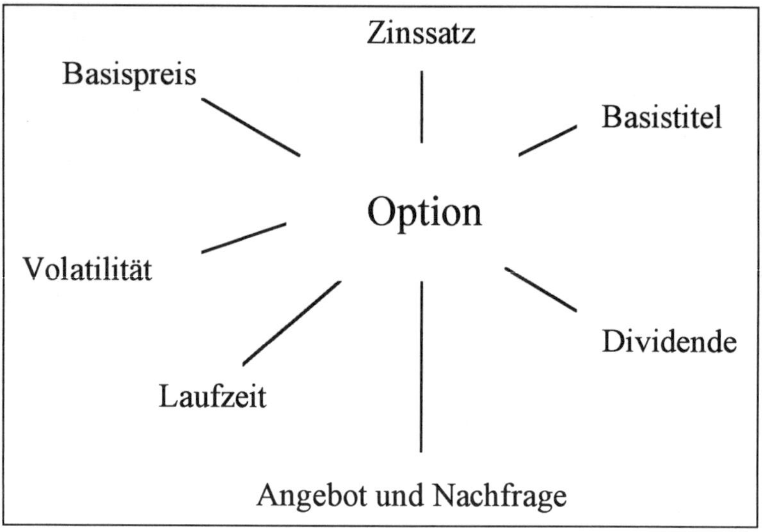

Tiefe Basispreise führen zu hohen Preisen für den Call, hohe Basispreise machen einen Put sehr wertvoll. Der Basispreis und der aktuelle Kurs des Basiswertes setzen den Optionen wichtige Grenzen für den jeweiligen Marktwert. Daneben übt die Volatilität eine große Wirkung auf die Preisfindung aus. Je größer die Volatilität, desto höher ist auch die Wahrscheinlichkeit, daß eine Kursbewegung zugunsten des Optionskäufers stattfindet, wobei es hier egal ist, ob es sich um einen Put- oder Call-Erwerber handelt. Denn eine Volatilität von Null würde bedeuten, daß vom Beginn der Optionslaufzeit bis zu Ihrem Ende keine Preisbewegung zu erwarten ist. Dementsprechend wäre ein Kauf beider Optionstypen ökonomisch völlig sinnlos. Bei der Volatilität existieren zwei mögliche Analysemethoden:

Die *historische Volatilität* gibt Auskunft über die Schwankungsbreite (Beweglichkeit) von Kursen in der Vergangenheit. Sie wird durch die annualisierte Standardabweichung der Kursveränderungen gemessen – also lediglich die Schwankungsbreite der Bewegungen wird ermittelt, ohne Aussage über deren Richtung!

Die *implizite Volatilität*, die sich ergibt, wenn man den am Markt gehandelten Optionskurs in ein Optionsbewertungsmodell (beispielsweise Black & Scholes) übernimmt und dann die Volatilität hieraus errechnet. Die implizierte Volatilität basiert auf den Markterwartungen der Teilnehmer am Optionshandel.

Es gelten folgende Zusammenhänge:

Je größer die Volatilität der Aktie, desto wahrscheinlicher ist es, daß eine gewinnbringende Preisbewegung auftreten wird. Je größer die Volatilität der Aktie, desto größer ist das mit dem Papier verbundene Risiko. Die Volatilität hat einen sehr großen Einfluß auf den Zeitwert einer Option!

Auf weitere wichtige Faktoren der Optionspreisbestimmung soll im folgenden eingegangen werden.

Black-Scholes-Formel
zur Berechnung der theoretischen Optionsprämie

$$\text{Call} = Pa * N(d1) - Ps * r^{-t} * N(d2)$$
$$\text{Put} = Ps * r^{-t} * N(-d2) - Pa * N(-d1)$$

mit

$$d1 = \frac{\ln\left[\frac{Pa}{Ps * r^{-t}}\right]}{@(t)^{0,5}} + \frac{@(t)^{0,5}}{2}$$

$$d2 = \frac{\ln\left[\frac{Pa}{Ps * r^{-t}}\right]}{@(t)^{0,5}} - \frac{@(t)^{0,5}}{2}$$

Pa = Aktienkurs
Ps = Strike-Preis
r = Zinsfaktor (risikoloser Zins / 100 + 1)
t = Laufzeit der Option in Jahren
@ = Standardabweichung
N() = Kumulative Normalverteilung

Was steckt hinter dieser Formel?
Jede risikolose Anlage auf dem Kapitalmarkt soll genau den marktüblichen Zinssatz für sichere Anlagen bringen. Die Herren Black und Scholes konstruieren als risikolose Anlage folgendes Wertpapier-Portefeuille: eine Long-Position in Aktien/Festverzinslichen und eine vereinnahmte Stillhalterprämie aus einer Short-Position in Calls auf diese Aktien/Festverzinslichen, wobei mehr Optionen geschrieben werden, als tatsächlich an Basistiteln vorhanden ist (teilgedeckte Short-Position). Die Basistitel und die vereinnahmten Stillhalterprämien stellen das *Vermögen* des Anlegers dar. Die Ausübungsverpflichtung aus den verkauften Calls stellt die *Verbindlichkeiten* des Wertpapier-Portefeuilles dar. Die Rendite dieses Portefeuilles muß genau der risikolosen Marktrendite entsprechen.

Ein steigender Kassakurs führt zu einer Wertsteigerung des Portefeuilles, gleichzeitig aber auch zu einer Erhöhung der Verbindlichkeiten aus den geschriebenen Calls. Ein fallender Kassakurs der Wertpapiere führt zu einer Wertminderung, aber auch zu einer Verringerung der Verbindlichkeiten. Die Idee ist jetzt, daß die Stückzahl der Einzeltitel und der verkauften Calls immer so angepaßt wird, daß jederzeit die risikolose Rendite aus diesem Hedge-Portefeuille erzielt wird. Daraus läßt sich dann der Optionspreis für einen Call unter Berücksichtigung des Zeitwertverfalls, des risikolosen Zinses und des Erwartungswertes für künftige Kurse der Basistitel, Aktien oder Renten, (Stichwort Volatilität!) berechnen.

Bei der Putberechnung für Wertpapiere wird folgende Gleichgewichtsrechnung angestellt:

Kauf von Renten und Puts	=	Kauf von Calls und Anlage in Termingeld (beide mit gleicher Laufzeit)

Hieraus wird dann die Optionsprämie eines Puts berechnet.

<u>Zahlenbeispiel dazu:</u>

Aktienkurs = 190, Basispreis = 200, Laufzeit = 72 Tage = 0,2 Jahre,
Zinssatz = 5% p.a., Volatilität = 0,20 (= 20%)

$d1 = (\ln (190/200) + (0{,}05 + 0{,}2/2) * 0{,}2) / (0{,}2 * 0{,}2) = -0{,}1065$

$d2 = d1 - 0{,}2 * 0{,}2 = -0{,}306526$

Werte für d1 und d2 aus statistischer Normalverteilungstabelle:

$N(d1) = N(-0{,}1065) = 1 - N(0{,}1065) = 1 - 0{,}5424 = 0{,}4576$
$N(d2) = 1 - 0{,}6204 = 0{,}3796$

$\text{Call} = 190 * 0{,}4576 - \exp(-0{,}05 * 0{,}2) * 200 * 0{,}3796 = 11{,}78$ DM

	CALLS	*PUTS*
in the money	Basispreis < aktueller Kurs	Basispreis > aktueller Kurs
at the money	Basispreis = aktueller Kurs	Basispreis = aktueller Kurs
out of the money	Basispreis > aktueller Kurs	Basispreis < aktueller Kurs

Delta

Das Delta einer Optionsposition zeigt den Einfluß von Kursveränderungen des Basispapiers auf den Optionspreis auf. Das Delta gibt an, um wieviel

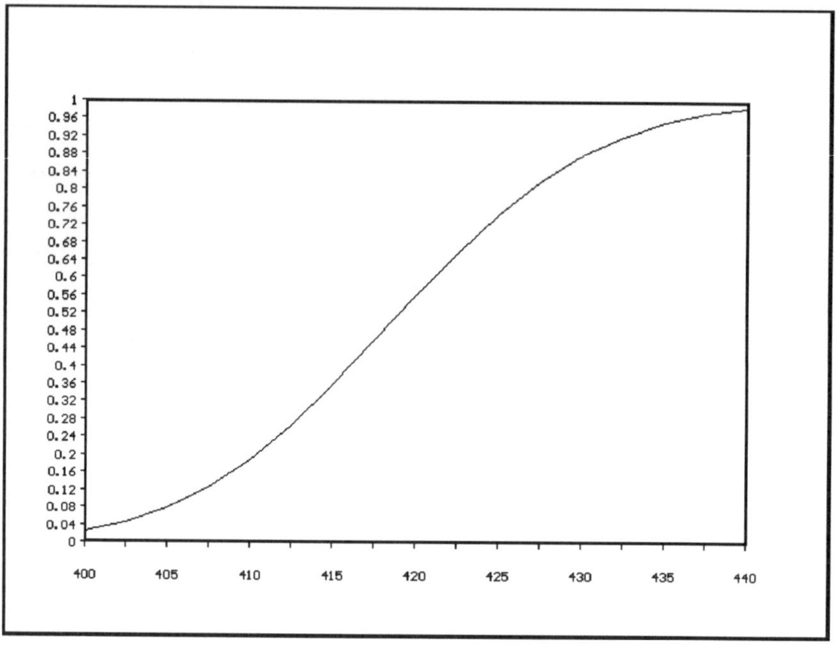

sich der Optionspreis ändert, wenn sich das Basispapier um 1 DM ändert. Der *Absolutwert* des Deltas einer Option liegt immer zwischen 0 und 1. Dieser Faktor mißt das Risiko einer Option bezogen auf den Aktienkurs.

Bei Puts liegt das Delta zwischen –1 und 0, bei Calls zwischen +1 und 0. Ein Delta von 0,35 besagt, daß bei einem Anstieg des Kurses des Basiswertes (Underlyings) um 1 DM die Optionsprämie eines Calls um 0,35 DM ansteigt, die eines Puts um 0,35 DM an Wert verliert.

Das Delta ist mathematisch betrachtet die erste Ableitung der Black/Scholes-Formel. Auf die Herleitung der Berechnung soll hier verzichtet werden, da es genügend Literatur zu diesem Thema gibt. Viel wichtiger ist, daß man den Nutzengehalt des Deltas kennt. Es mißt nämlich die Veränderungsrate des Optionspreises in Abhängigkeit des Basispreises. Hieraus lassen sich wichtige Schlußfolgerungen sowohl für Hedge-Techniken als auch für das aktive Managen von synthetischen Renten-Portfolios mittels Optionen ziehen:

Bei Optionen, die *out of the money* liegen, beträgt der *Absolutwert* des Deltas zwischen 0 und 0,25 – je näher der aktuelle Kurs an den Basispreis der Option heranläuft, desto stärker steigt es an. Bei *at-the-money*-Optionen liegt es bei ca. 0,5, und bei Optionen *in the money* nähert es sich stark der 1 an. Dies hat Auswirkungen auf die erforderliche Anzahl von Optionen für einen Hedge.

$$\text{Hedge Ratio} = \frac{1}{\text{Delta}}$$

Gamma

Das Gamma einer Optionsposition zeigt den Einfluß von Deltaveränderungen auf den Optionspreis auf. Das Gamma mißt also die Steigung oder Veränderungsrate des Deltas. Hat ein Call ein Gamma von 0,05, so bedeutet dies, daß eine Veränderung des Basispapiers um 1 DM eine Veränderung des Deltas von 0,05 bedingt.

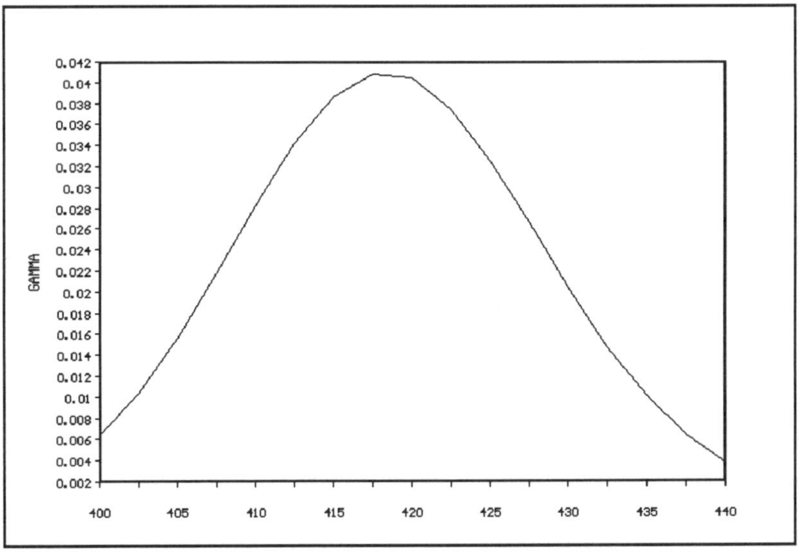

Je höher das Gamma einer Option, desto geringer ist der lineare Zusammenhang zwischen dem Kurs des Basispapiers und dem Optionspreis.

Diese Beziehung zwischen Gamma und Basiswert läßt sich so charakterisieren:

- *out of the money* zunehmend
- *at the money* Maximum
- *in the money* abnehmend

Theta

mißt den Zeitwertverfall einer Option:

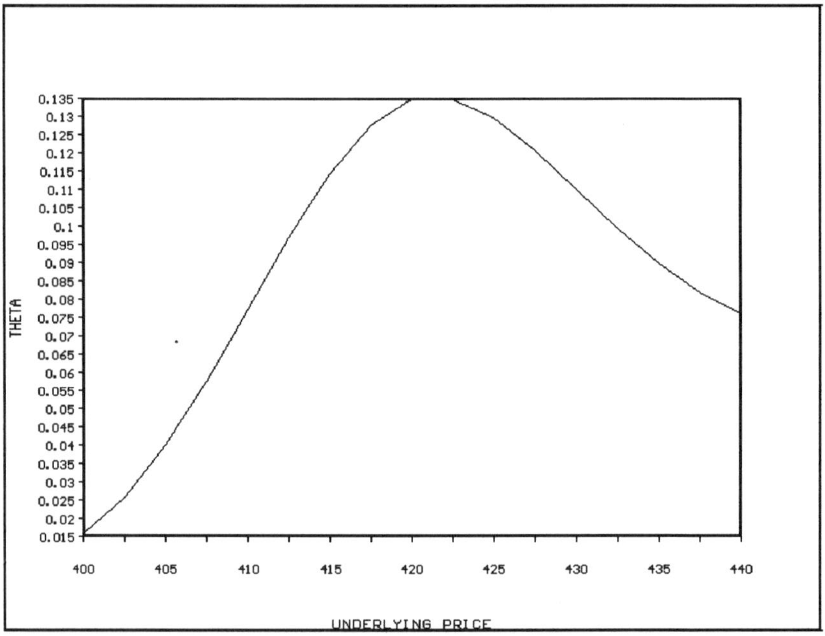

Je näher der Verfallstag rückt, desto schneller „schwindet" der Zeitwert einer Option dahin. Dieses Ablaufmuster kann man sich vor allem bei Writing-Strategien zunutze machen für die Bestimmung des Zeitpunkts. Insbesondere in der Nähe des Verfallsmonats schlägt der Zeitwerteffekt voll zu Buche.

Vega

Das Vega zeigt den Einfluß von Volatilitätsveränderungen auf den Optionspreis auf. Das Vega gibt an, um wieviel sich der Optionspreis verändert, wenn sich die Volatilität um 100 Basispunkte ändert. Diese Kennzahl läßt sich nutzen, um Volatilität zu kaufen oder zu verkaufen. In Kombination mit Theta und Gamma lassen sich optimierte Strategien entwickeln.

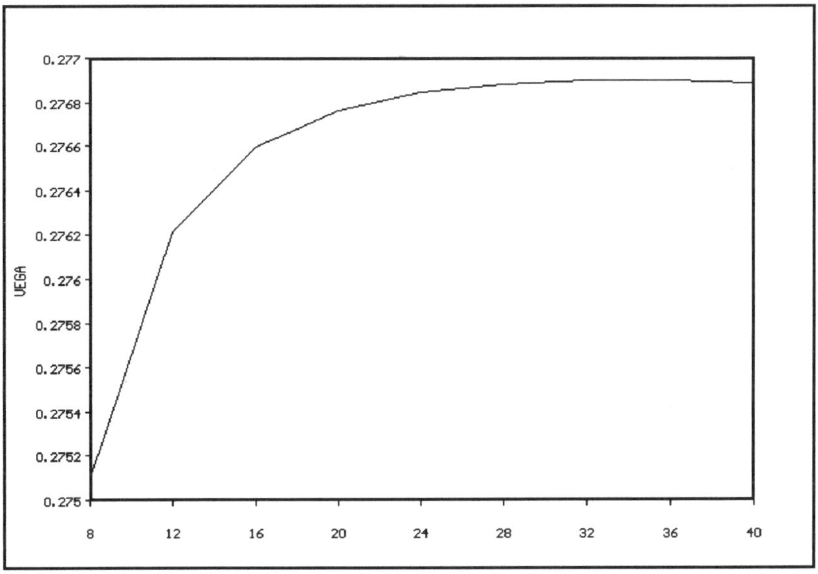

Hat ein Call bei einer Volatilität von 6% ein Vega von 0,2, so bedeutet dies, daß eine Veränderung der Volatilität von 6% auf 7% eine Veränderung des Optionspreises um 0,2 DM, z. B. von DM 2,- auf DM 2,20 bewirkt.

Die Volatilität besitzt starken Einfluß auf den Zeitwert einer Option und ist sowohl für Calls als auch für Puts immer positiv, da beide bei einem Anstieg der Volatilität an Wert gewinnen.

5.8.2 Portfolio-Simulation über Optionen

Hierfür benötigt man zusätzlich Beta und Korrelation des Basistitels zum Marktindex. Dann lassen sich Portfolios erstellen, die rein aus Derivaten bestehen, aber auf Marktveränderungen wie ein großes Wertpapier-Portfolio reagieren. Der Vorteil liegt in gewonnener Liquidität und höherer Flexibilität. Statt große Wertpapierumschichtungen vorsichtig am Kassamarkt durchzuführen, um die eigenen Kurse nicht zu „verderben", können über die Derivativen identische Losgrößen ohne weiteres bewegt werden.

Beta-Faktor

Der Beta-Faktor gibt an, wie stark ein einzelnes Wertpapier im Vergleich zum Gesamtmarkt performt hat. Diese Betawerte lassen sich gewichtet auch auf ein ganzes Wertpapier-Portfolio übertragen. Also würde ein Portfolio bei einem Indexabschwung um 10% stärker als der Gesamtmarkt fallen – nämlich um 15%.

Korrelation

Diese statistische Maßzahl mißt die Stärke des Gleichlaufes (Korrelation) eines Titels mit dem Index oder einem anderen Titel. Auf die Berechnungsweise wurde bereits eingegangen.

5.8.3 Optionsstrategien

5.8.3.1 Absicherung Income-Level aus Portfolio

Eine Möglichkeit der Absicherung über Optionen ist das Delta-Hedging. Deltas, die sich schnell verändern, sind beim Hedging problematisch. Sie führen zum Erfordernis der laufenden Anpassung der Kontraktzahl und damit zu bedeutenden Transaktionskosten. Vermeiden läßt sich dies durch Wahl eines Deltas bei 1, also von Optionen tief im Geld.

Nehmen wir an, eine Million Rentenwerte soll über Bund-Future-Optionen abgesichert werden. Der Bund-Future sei bei 92,60, und wir wollen Put-Optionen mit Basispreis 92,80 erwerben. Das Delta betrage 0,987.

Dann ergäbe sich vereinfacht folgende Rechnung:
(1:0,987) * 1.000.000,- : 250.000,- = 4,05268 Kontrakte

Bei einem Delta von 0,5 wären es dementsprechend 8 Kontrakte, die erworben werden müßten. Das Delta-Hedging erfordert die laufende Anpassung der Kontraktzahlen an das jeweilige Delta. Der Deltawert von Optionen verändert sich in der Nähe des Basispreises am stärksten. Die Veränderungsrate wird durch das Gamma beschrieben. Gelingt es nun, Optionsportfolios zusammenzustellen, deren Summe aller Gammawerte Null ergibt, so haben Preisschwankungen des Basiswertes keinerlei Auswirkungen mehr auf den Deltawert der Optionen. Die einzelnen Deltawerte der Positionen verändern sich zwar nach wie vor, die Gesamtposition bleibt allerdings deltaneutral. Dies erreicht man durch Einbeziehen des Basiswertes in die Konstruktion des Hedge. Der Gammawert des Basiswertes ist immer Null, sein Delta beträgt immer 1.

Also kann eine gammaneutrale Position durch Kauf oder Verkauf des Basiswertes so ergänzt werden, daß sie gleichzeitig deltaneutral wird.

5.8.3.2 Passives Leveraging

Eine weitere Möglichkeit, das Risiko bei Optionen zu begrenzen, besteht im gleichzeitigen Kauf und Verkauf von Optionen. Diese Modelle werden als Spreads bezeichnet.

Der *Bull Price Spread* wird durch den Kauf einer Anzahl Calls mit niedrigem Basispreis und den gleichzeitigen Verkauf der identischen Stückzahl von Calls mit höherem Basispreis durchgeführt.

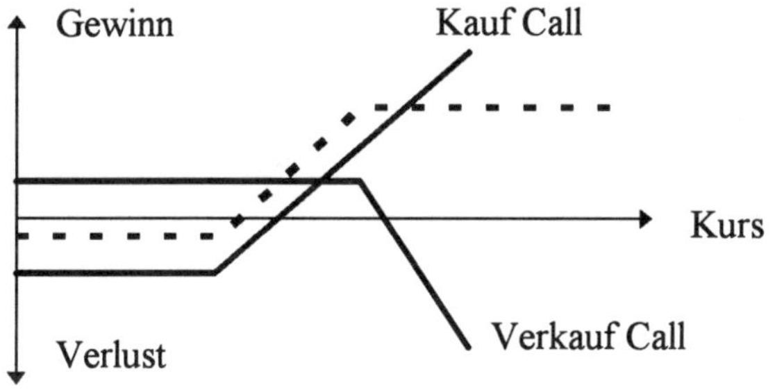

Ebenso läßt sich dies mit Puts, also Verkaufsoptionen, konstruieren. Puts mit hohem Basispreis werden verkauft und solche mit niedrigerem Basispreis gekauft. Hierdurch alimentiert man zum einen die gekauften Optionen mit dem erhaltenen Ertrag aus den Optionsprämien – zum anderen limitiert man sowohl das Gewinn- als auch das Verlustpotential.

Der *Bear Price Spread* wird analog durch Umkehrung der Basispreise konstruiert. Der Investor setzt hier auf fallende Kurse und richtet seinen Spread dementsprechend aus.

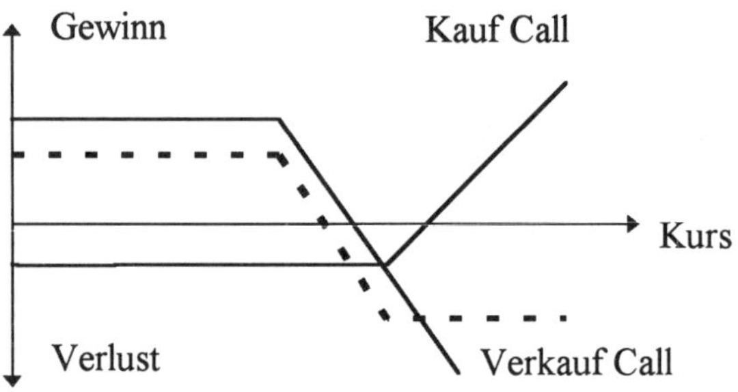

Die gestrichelte Linie zeigt das Gewinn- und Verlustprofil auf. Spreads gibt es noch als *Time Spreads* und als *Diagonal Spreads*. Der Time Spread basiert auf unterschiedlichen Verfallsmonaten. Der kürzere wird verkauft und der entferntere Verfallsmonat wird erworben. Bei *Diagonal Spreads* werden sowohl unterschiedliche Basispreise als auch unterschiedliche Verfallsmonate in die Konstruktion einbezogen. Diese Konstruktionen sind dann sinnvoll, wenn eine möglichst niedrige Risikostufe im Optionsportefeuille gefahren werden soll und von einer geringen künftigen Preisbewegung im Rentenmarkt ausgegangen wird.

Kauf eines Butterfly

Er kann mit Calls oder Puts gebildet werden. Grundprinzip ist, vier Optionen mit drei verschiedenen Basispreisen zu kaufen, bei denen der Verfallstermin identisch ist. Ein Butterfly aus Calls besteht aus dem Kauf von zwei Optionen – einer mit hohem Strikepreis und einer mit niedrigem Basispreis. Gleichzeitig werden zwei Optionen mit identischem Strikepreis, der genau zwischen dem hohen und dem niedrigen Strikepreis liegt, verkauft.

Dieser mittlere Strike wird so gewählt, daß er dem erwarteten Kurs des Basiswertes am Verfallstag entspricht. Bei Eintreffen dieser Erwartung werden die beiden verkauften (geschriebenen) Calls wertlos verfallen. Der Maximalgewinn wird dann realisiert.

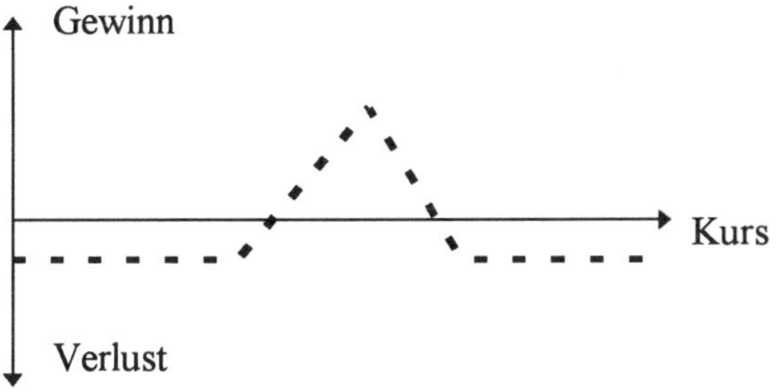

Es ist wichtig, daß die Abstände zwischen den drei Strikepreisen identisch sind. Dann beträgt der maximal mögliche Verlust der Butterfly-Position die Differenz aus gekauften und verkauften Optionen. Mehr muß nie investiert werden. Liegt im Zeitpunkt des Verfalls der Kurs des Basiswertes über dem höchsten Strikepreis (bei Call-Konstruktion) oder unter dem tiefsten (bei Konstruktion mit Puts), so ist die Verpflichtung aus den beiden verkauften Optionen immer durch die gekauften Optionen gedeckt.

Call 90,90	35,–	Long 1 Call	– 35,–
Call 91,00	20,–	Short 2 Call	+ 40,–
Call 91,10	15,–	Long 1 Call	– 15,–
Nettoinvestition			– 10,–

Wert des Butterfly am Verfalltag:

Basistitel	Call 90,90	Call 91,00	Call 91,10	Wert	Resultat
90,60	0	0	0	0	– 10
90,70	0	0	0	0	– 10
90,90	0	0	0	0	– 10
91,00	10	0	0	10	+/– 0
91,10	20	10	0	20	+10
91,20	30	20	10	10	– 10
91,30	40	30	20	0	– 10

Kauf eines Condor

Um das Kursintervall, in dem der maximale Gewinn erzielt werden kann, zu vergrößern, empfiehlt sich der Aufbau eines Condor. Das Grundprinzip ist ähnlich wie beim Butterfly – es kommen Optionen mit vier unterschiedlichen Strikepreisen zur Anwendung.

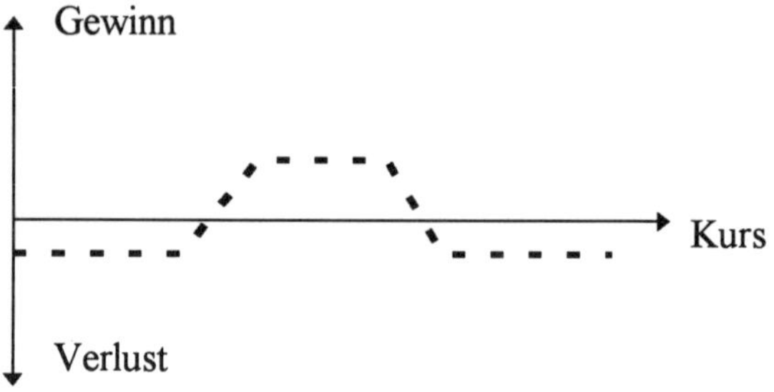

Wird ein Fallen des Basiswertes erwartet, so werden die zwei mittleren Strikepreise (für die zu verkaufenden Optionen) unter dem aktuellen Marktpreis gewählt. Soll der Markt nach Ansicht des Investors auf dem aktuellen Niveau bis Verfall stagnieren, so wählt man die Strikepreise um das aktuelle Kursniveau herum. Analog wählt man bei einer positiven Markteinschätzung die mittleren Basispreise über dem derzeitigen Kurslevel. Dann wird wieder über und unter den beiden geschriebenen Optionen gekauft.

Selbstverständlich läßt sich diese Konstruktion auch verkaufen. Dann kehrt sich das Gewinn-/Verlust-Profil um in eine Spiegelung an der Kursachse. Nachfolgend sind beide Strategien zusammen als Verkaufspositionen dargestellt.

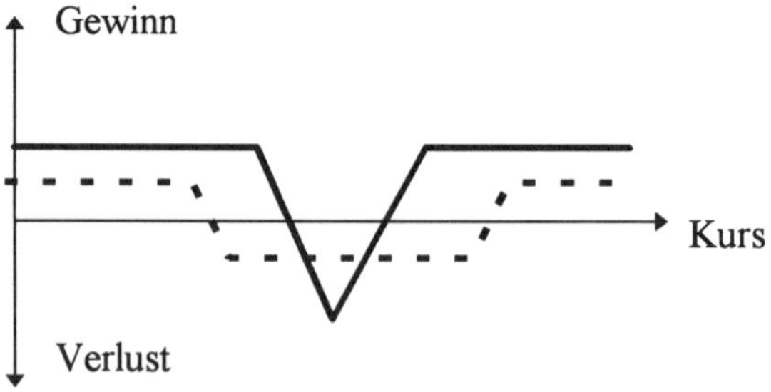

5.8.3.3 Aktives Leveraging

Nachfolgend sollen aggressivere Strategien für die Umsetzung eines Zinsszenarios in Optionen beschreiben werden. Die beiden Grundformen Kauf eines Call oder eines Put werden als bekannt vorausgesetzt.

Besteht die Wahrscheinlichkeit einer größeren Kursbewegung an den Märkten, ist die Richtung allerdings nicht erkennbar, so bietet sich die Strategie Straddle oder Strangle an. Diese Optionskombination profitiert von Kursbewegungen gleich welcher Richtung – nur kräftige Kursbewegungen sind erforderlich.

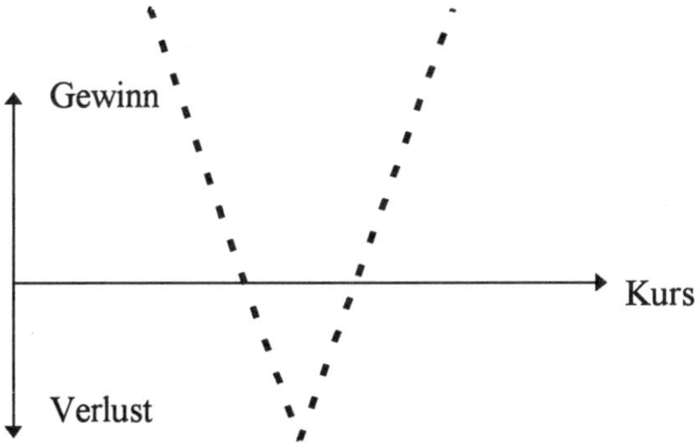

Ein Straddle wird durch Kauf der gleichen Anzahl von Puts und Calls mit identischem Basispreis aufgebaut, ein Strangle analog, allerdings mit unterschiedlichen Basispreisen.

Position	**Markterwartung**	**Anstieg der Volatilität**	**Zeitablauf**	**Gewinnpotential**	**Verlustpotential**
long straddle	volatil	nützt	schadet	unbegrenzt	begrenzt
short straddle	kaum volatil	schadet	nützt	begrenzt	unbegrenzt

Strangle

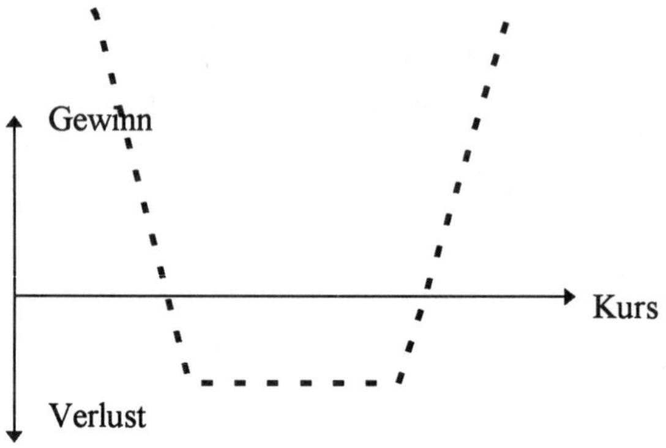

Beim Strangle muß die erforderliche Kursbewegung dynamischer verlaufen als beim Straddle, da die Zone des möglichen Verlustes hier breiter verläuft als beim Straddle.

5.9 Futures-Allokationen

Bund-Futures	
Kontraktgegenstand:	250.000 DM Nominalwert, 6% Schuldverschreibung, Restlaufzeit 8,5 bis 10 Jahre, lieferbar in Bundesanleihen und Treuhandanleihen.
Letzter Handelstag:	Zwei Börsentage vor dem Liefertag des Liefermonats Handelsschluß ist 12.30 Uhr.
Liefertag:	10. Kalendertag im Liefermonat (oder nächster Börsentag).
Liefermonate:	Die drei nächstliegenden Zyklusmonate (Zyklusmonate: März/Juni/September/Dezember).
Basispreis:	Notierung in % pro 100 DM nominal mit zwei Stellen nach dem Komma.
Tick:	0,01 Punkte = DM 25,-
Täglicher Abrechnungspreis:	Durchschnitt der fünf letzten Handelspreise.
Schlußabrechnungspreis (EDSP):	Durchschnitt der fünf letzten Handelspreise vor 12.30 Uhr.

Bobl-Futures	
Kontraktgegenstand:	250.000 DM Nominalwert, 6% Schuldverschreibung, Restlaufzeit 3,5 bis 5,25 Jahre, lieferbar in Bundesobligationen, Bundesschatzanweisungen, Treuhandschuldverschreibungen (Mindestemissionsvol. 4 Mrd. DM).
letzter Handelstag:	Zwei Börsentage vor dem Liefertag des Liefermonats Handelsschluß ist 12.30 Uhr.
Liefertag:	10. Kalendertag im Liefermonat (oder nächster Börsentag)
Liefermonate:	Die drei nächstliegenden Zyklusmonate (Zyklusmonate: März/Juni/September/Dezember)
Basispreis:	Notierung in % pro DM 100 nominal mit zwei Stellen nach dem Komma
Tick:	0,01 Punkte = DM 25,-
Täglicher Abrechnungspreis:	Durchschnitt der fünf letzten Handelspreise.
Schlußabrechnungspreis (EDSP):	Durchschnitt der fünf letzten Handelspreise vor 12.30 Uhr.

5.9.1 Der Preisfaktor

Mit Hilfe der Preisfaktoren wird jede im Termingeschäft lieferbare Anleihe (also beim Bund-Future jede den Spezifikationen entsprechende Anleihe mit Restlaufzeiten von 8,5 bis 10 Jahren) auf einen Zinskupon von 6% umgerechnet.

$$PF = \frac{1}{1{,}06^{f}}\left[\frac{c}{6}\left(1{,}06 - \frac{1}{1{,}06^{n}}\right) + \frac{1}{1{,}06^{n}}\right] - \frac{c(1-f)}{100}$$

c = Kupon der Bundesanleihe
n = Anzahl der Jahre bis Fälligkeit

f = Anzahl der vollen Monate bis zur nächsten Kuponzahlung, dividiert durch 12 (falls f = 0, dann n = n – 1 und f = 1)

Der Preisfaktor wird benötigt:

- zur Ermittlung des Hedge Ratio für die jeweilige Anleihe
- zur Berechnung des Fair Value des Futures gegenüber der Anleihe

Für jeden Fälligkeitsmonat und jede Anleihe existieren eigene Preisfaktoren. Dies ist unumgänglich, da jedes Papier unterschiedliche Nominalzinsen trägt und ebenso verschiedene Restlaufzeiten aufweist. Die DTB gibt ständig für alle lieferbaren Anleihen des jeweiligen Futures eine Preisfaktoren-Liste an die Marktteilnehmer heraus. Renten mit einem Kupon unter 6% liegen mit ihren Preisfaktoren immer unter 1, Titel mit Nominalzins über 6% haben dementsprechend Preisfaktoren über 1. Der Preisfaktor spiegelt also das Verhältnis der echten Anleihe zur synthetischen 6%-Anleihe des Bund-Futures mit Restlaufzeit von 10 Jahren wider. Die Stückzinsen werden nach der normalen Zinsformel berechnet, wobei die DTB alle Zinstage exklusive des Liefertages berücksichtigt.

$$\text{Rechnungsbetrag} = (\text{EDSP} * \text{PF} * 2.500) + \text{Stückzinsen}$$

EDSP = Exchange Delivery Settlement Price = Schlußabrechnungspreis des Futures am letzten Handelstag

5.9.2 Die CTD – Cheapest to deliver

Die CTD ist die günstigste lieferbare Anleihe im Vergleich zwischen Kassa- und Terminmarkt. Sie ermöglicht die Arbitrage zwischen Kassamarkt und Futuresmarkt. Um festzustellen, welche Anleihe die CTD ist, wird eine Vergleichsrechnung aufgemacht: Was bringt der Verkauf einer Anleihe über die Börse und welchen Gegenwert erzielt man bei der Einlieferung einer Anleihe in den Futurekontrakt. Jeden Tag gibt es nur eine Anleihe, die die CTD darstellt. Für den Portfolio-Manager ist es interessant, zu wissen, welcher seiner Bonds den höchsten Opportunitätserlös bei Einlieferung erzielt. Nachfolgend sei diese Vergleichsrechnung exemplarisch dargestellt.

Bundesanleihe	7,25 BUND	8,00 BUND
Kurs	89,90	93,30
Preisfaktor	1,085456	1,120382
Stückzinsen	16.111,11	15.553,82
Erlös an Kassabörse	**240.861,11**	**248.803,82**
Erlös über DTB EDSP= 83,05	**241.478,91**	**248.173,13**
Gewinn/Verlust bei Lieferung in DTB-Kontrakt	617,80	– 630,69

Die 7,25%-Anleihe ist die Cheapest to Deliver

5.9.3 Hedging

Um den eigenen Bestand an Wertpapieren effektiv abzusichern, ist es wichtig zu wissen, wie sich der Future im Vergleich zu den eigenen Kassapapieren verhält. Bis zur Endfälligkeit des Futures schwankt dieser um seinen rechnerischen Vergleichswert (real value). Zusätzlich besteht noch eine Differenz, die aus dem Liquiditätsvorteil von Derivativen resultiert. Diese Differenz nennt man Basis.

Die Basis stellt die Nettofinanzierungskosten der einer Futuresposition vergleichbaren Kassaposition dar. Bei Fälligkeit des Futures ist die Basis = 0, da dann keinerlei Finanzierungsvorteile/-kosten gegenüber dem reinen Kassageschäft bestehen.

Basis = Future – Kassaposition

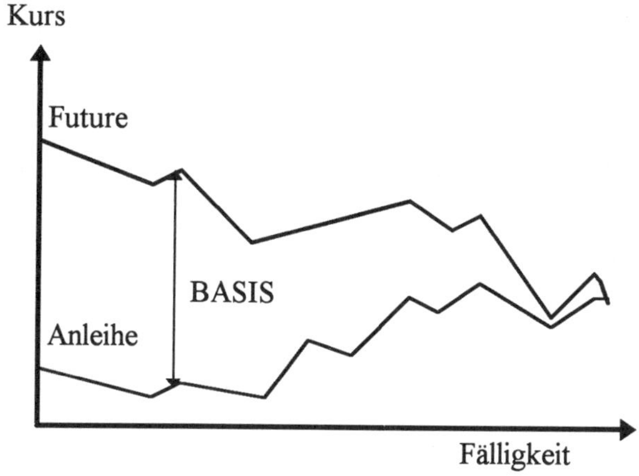

Die Basis ist also

Kassakurs einer Anleihe – Futureskurs * Preisfaktor der Anleihe

Daraus läßt sich auch der Fair-Value-Preis des Futures berechnen. Dies ist vor allem für Arbitrage-Geschäfte wichtig, die hauptsächlich über die Cheapest-to-deliver-Anleihe vorgenommen werden:

$$\text{Fair Value}_{\text{Future}} = \frac{\text{Kassakurs}_{\text{CTD}} + \text{Zinskosten}_{\text{CTD}} - \text{Zinsertrag}_{\text{CTD}}}{\text{Preisfaktor}_{\text{CTD}}}$$

Kassakurs ist der sogenannte Clean Price, also exklusive Stückzinsen. Die Zinskosten (cost of carry) werden allerdings unter Einbezug der Stückzinsen ermittelt, da der gesamte Finanzierungsaufwand für die Dauer des Kontraktes berechnet werden muß. Im Gegenzug fallen aus der erworbenen Anleihe Zinserträge bis zur Fälligkeit des Futures an, welche die Kosten etwas mindern.

Zur Veranschaulichung: Kauft ein Investor statt eines Futures die entsprechende Kassaposition, so muß er diese sofort in vollem Umfang finanzieren. Er bindet also sein Kapital. Eröffnet er hingegen eine Futuresposition long, so sichert er sich ebenfalls das momentane Kursniveau – er muß allerdings erst am Liefertag seine Finanzverpflichtung erfüllen. Bis zum Fälligkeitstermin kann er diesen Betrag am Geldmarkt anlegen und so einen Zusatznutzen erzielen.

Zusätzlich wird die Basis von Markterwartungen und allgemeinen Wirtschaftsdaten beeinflußt, so daß sie sich ständig bis zum Fälligkeitstermin über oder unter der cost of carry bewegt.

Es seien folgende Eckdaten gegeben:

Kassakurs CTD: 102,95
Nominalzins 6,5%, 218 Tage Stückzinsen
Preisfaktor CTD 1,05245366
Restlaufzeit Future 58 Tage, Geldmarktsatz 7,12% für 58 Tage

$$\text{Fair Value}_{\text{Future}} = \frac{102{,}95 + \dfrac{107{,}00 * 7{,}12 * 58}{360 * 100} - \dfrac{102{,}95 * 6{,}5 * 58}{360 * 100}}{1{,}05245366}$$

Der Fair Value des Futures liegt demnach bei 97,96%. Hieraus lassen sich nun Über- oder Unterbewertungen des Futures berechnen und für Arbitrage nutzen.

Ermitteln des Hedge Ratio

Es gibt unterschiedliche Möglichkeiten, die erforderliche Anzahl von Kontrakten für ein Rentenportfolio zu ermitteln.

$$\frac{\text{Nominalwert Portfolio}}{\text{Nominalwert Future}} * \text{PF}_{\text{abzusichernde Anleihe}}$$

Diese erste Methode ist grob und nimmt keinerlei Bezug auf die Volatilitäten oder die Konvexität der im Portfolio befindlichen Titel. Dafür läßt sie sich schnell ermitteln und umsetzen. Ein weiterer Punkt ist der, daß ein perfektes Hedging oftmals nicht möglich ist, da man eben nicht exakt 14,5013 Kontrakte, sondern entweder 14 oder 15 Futures als Absicherung erwerben kann.

Daher kann bei kleineren Portfolios durchaus diese simple Methode ihre Berechtigung haben.

$$\frac{\text{Nominalwert Portfolio}}{\text{Nominalwert Future}} * \frac{\text{Duration Portfolio}}{\text{Duration CTD}} * \text{Preisfaktor CTD}$$

Dieser Ansatz ermöglicht die exakte Absicherung der CTD über den Future. Sollen andere Anleihen mittels dieser Variante gehedgt werden, so dient die CTD als approximative Größe für die Anzahl der benötigten Kontrakte. Die Formel ließe sich für die Praxis dahingehend erweitern, daß der Preisfaktor nochmals durch den gewichteten Preisfaktor des Portefeuilles dividiert wird.

$$\frac{\text{Nominalwert Portfolio}}{\text{Nominalwert Future}} * \frac{\text{PVBP Portfolio}}{\text{PVBP CTD}} * \text{Preisfaktor CTD}$$

PVBP ist der Price Value of a Basis Point. Er wird über die modified Duration berechnet. Am sichersten wirkt der Hedge, wenn man pro Laufzeit die PVBPs ermittelt und diese dann mit dem entsprechenden Future (Bund, Bobl, Fibor) absichert. Den PVBP des Futures erhält man, indem man den PVBP der CTD durch den Preisfaktor der CTD dividiert.

$$\frac{\text{Nominalwert Portfolio}}{\text{Nominalwert Future}} * \text{Regressionskoeffizient}$$

Diese Variante arbeitet mit der statistischen Regressionsanalyse. Die Preisveränderungen am Kassa- und am Terminmarkt werden über den als relevant angesehen Zeitraum untersucht. Man bestimmt daraus die historisch optimale Anzahl von Kontrakten. Dies bildet wiederum die Basis für die jetzt erforderliche Anzahl von Kontrakten – man geht hierbei davon aus, daß die historische Situation in die Zukunft extrapoliert werden kann.

Alle Methoden weisen als Unsicherheit das Basisrisiko auf – es läßt sich nie ein exakter Hedge durch permanente Über- oder Unterbewertungen im Future, durch Marktverschiebungen in den Einzeltiteln aufbauen. Daher sind das Beachten der Entwicklung der Basis und die Überwachung des Absicherungsgrades für das Portfolio essentiell. Auf der anderen Seite lassen sich hierdurch kleine Gewinne realisieren, oder es entstehen kleinere Verluste.

Man ist also gezwungen, eine Über- oder Untersicherung des Portfolios in Kauf zu nehmen. Des weiteren bleibt die Unsicherheit über das Ausmaß der erwarteten Marktzinsbewegungen bestehen. Die Berechnungen können kein Kriterium vorgeben, ab wann es sich für den Portfolio-Manager lohnt, seinen Hedge wieder aufzulösen. Das Bilden einer eigenen Marktmeinung wird nur für die Dauer des Hedge-Vorgangs in den Hintergrund gedrängt.

Nominal TSD	**Rendite**	**Restlaufzeit in Jahren**	**Modified Duration**	**PVBP TSD**	**PVBP %**
145.800	7,0257	8,92	6,10	8.956	0,0614
	Hedging 1	**Hedging 2**	**Hedging 3**	**Hedging 4**	
Kontrakte	625,2	629,6	636,4	618,1	

Die Hedging-Varianten für diese eine Anleihe fallen recht unterschiedlich aus, die Differenz der Kontraktzahlen zwischen den Methoden ist zu hoch. Zieht man ins Kalkül, daß unterschiedliche Titel im Portfolio auch hier einen „Diversifikationseffekt" hervorrufen, so relativiert sich das Bild, wenn statt einer Anleihe ein Portefeuille abgesichert wird. Die effektivste Methode ist der PVBP-Ansatz, wobei auch hier von einer durationstechnisch bedingten Parallelverschiebung der Renditekurve am Rentenmarkt ausgegangen wird. Die Probleme, die sich hieraus in der Praxis ergeben, sind an einer anderen Stelle dieses Buches bereits diskutiert worden.

Je nachdem, ob geplante oder bereits vorhandene Positionen abgesichert werden sollen, wie hoch das Hedge-Bedürfnis und wie wichtig die Exaktheit der Hedge-Positionen sind, sollte die Kalkulationsmethode gewählt werden.

5.9.4 Synthetische Portfolio-Strukturierung

Ein Portfolio läßt sich auch ohne den Kauf eines einzigen Basistitels konstruieren. Entweder werden lediglich Futurespositionen in den Märkten eingegangen, oder es wird aus einer Mischung von Optionen und Futures das Portfolio konstruiert. Vorteilhaft erscheint dies vor allem aufgrund der niedrigen Kapitalbindung und wegen der fairen Marktbewertung durch die ausreichende Zahl von Marktteilnehmern.

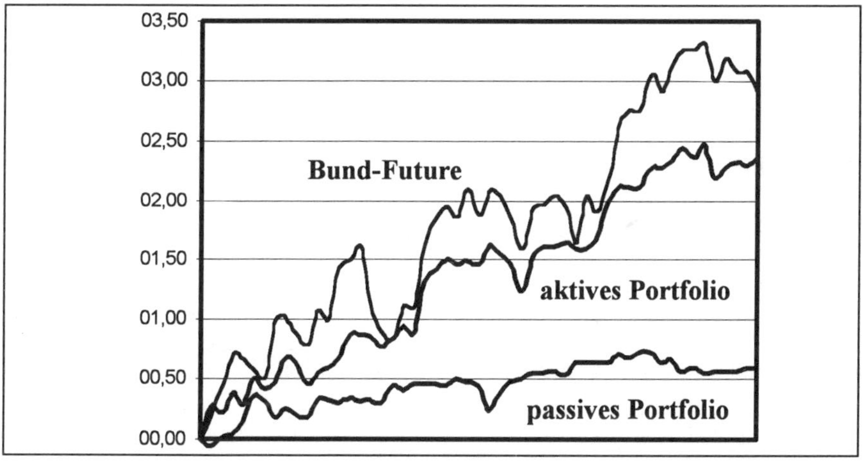

Die Grafik zeigt recht deutlich den „Wirkungsgrad" eines synthetischen Portfolios, das rein aus Derivativen besteht. Selbst ein aktiv gemanagtes Portefeuille kann nicht die Performance-Leverage erbringen. Ein Asset-Mix aus Derivaten und Basistiteln erscheint allerdings aus Diversifikationsgründen sinnvoll. Interessant ist die Beimischung von Fremdmärkten über Futures, wenn der Markt in den Auslandspapieren nicht so liquide ist wie gewünscht.

6 Ergebnismessung:

6.1 Time Weighted Return

Gegeben sei folgendes Rentenportfolio mit den nachfolgenden Zu- und Abflüssen:

Zeitpunkt	Portfoliowert vor Transaktion	Transaktion	Portfoliowert nach Transaktion
01.01.93	2.420.000		2.420.000
01.02.93	2.500.000	+ 120.000	2.620.000
15.07.93	2.480.000	– 300.000	2.180.000
19.10.93	2.315.500	+ 250.000	2.565.500
01.01.94	2.600.000		2.600.000

Die Gesamtrendite für das Jahr 1993 ermittelt sich als das Produkt aus den einzelnen Wertentwicklungen zwischen Zu- und Abführungen.

(2.500.000:2.420.000) * (2.480.000:2.620.000) * (2.315.500:2.180.000) * (2.600.000:2.565.500) = $\mathbf{q^1}$

q = 1,05260312

Die Rendite des Portfolios beträgt 5,26%. Der Exponent 1 bei q rührt vom Betrachtungszeitraum ein Jahr her. Würden 9 Monate analysiert, so beträgt der Exponent 0,75.

6.2 Money Weighted Return

Wir betrachten wieder das gleiche Portfolio:

Zeitpunkt	Portfoliowert vor Transaktion	Transaktion	Portfoliowert nach Transaktion
01.01.93	2.420.000		2.420.000
01.02.93	2.500.000	+ 120.000	2.620.000
15.07.93	2.480.000	– 300.000	2.180.000
19.10.93	2.315.500	+ 250.000	2.565.500
01.01.94	2.600.000		2.600.000

$-2.420.000 * q^{1} - 120.000 * q^{0,916} + 300.000 * q^{0,458} - 250.000 * q^{0,197} + 2.600.000 = 0$

$\boldsymbol{q = 1,0475}$

Die Rendite beträgt 4,75%.

Der Unterschied zwischen beiden Methoden der Performance-Messung liegt in der Gewichtung der Zeit bzw. der eingesetzten Kapitalbeträge. Für welches System man sich entscheidet, hängt von der Bewertungsmaßstäben ab, die für die Erfolgsanalyse verwendet werden. Ein Portfolio mit regen Zu- und Abflüssen von Kapital sollte auf jeden Fall anders bewertet werden als ein Portefeuille mit einem fest definierten, fixierten Kapitaleinsatz.

6.3 Benchmarking

Dieses Verfahren hat das Ziel, die Performance der Portfolio-Manager nicht nur objektiv, sondern auch relativ zu messen. Dabei steht die Frage im Vordergrund, um wieviel besser oder schlechter als der Markt die eigene Portfolio-Struktur im abgelaufenen Zeitraum war. Hierzu sind bestimmte „Meßlatten" erforderlich, mit denen man die Leistungen vergleichbar machen kann. Diese werden von Indizes geliefert. Seltsamerweise ist die genaue Zusammensetzung und damit auch die Aussagekraft der verschiedenen Indexkonstruktionen nur einem kleinen, professionellen Publikum bekannt. Daher werden nachfolgend die wichtigsten „Marktbarometer" geschildert.

6.3.1 J P Morgan Government Bond Index

Länder:				
Australien	Belgien	Kanada	Deutschland	Frankreich
Italien	Japan	Niederlande	Spanien	Großbritannien
USA				
Laufzeit in Jahren:				
1–3	3–5	5–7	7–10	über 10

Dieser international übliche Index umfaßt alle handelbaren festverzinslichen öffentlichen Anleihen mit Laufzeiten über einem Jahr. Hierdurch finden sich in diesem Index etwa 420 unterschiedliche Einzeltitel. Als Basis für diesen Index wird der Zeitpunkt 31.12.1987 = 100 genommen. Der Index erfaßt den Weltrentenmarkt zu 60%, und er wird als Total-Return-Index berechnet. Dies bedeutet, daß sowohl Kursveränderungen als auch Stückzinsen in die Indexrechnung einfließen.

Alle Indizes sind in den jeweiligen Landeswährungen (local currency) und in Schweizer Franken erhältlich. Der Index ist historisch sehr gut dokumentiert und beinhaltet neben den Laufzeitklassen folgende Liquiditätsindizes:

- **Benchmark** höchste Liquidität
- **Active Traded** Benchmark-Anleihen und Anleihen mit bedeutenden täglichen Umsätzen
- **Normal** alle Titel des Gesamtindex
- **Nonbase Indices** globale Indizes ohne den Markt der Referenzwährung

6.3.2 Salomon Brothers World Government Bond Index

Länder:				
Belgien	Kanada	Deutschland	Frankreich	Italien
Japan	Niederlande	Spanien	Großbritannien	Schweden
USA				
Laufzeiten:				
1–3	3–5	5–7	7–10	über 10

Dieser Index bietet eine breitere Markterfassung als der J P Morgan Government Bond Index, da hier circa 900 Werte Aufnahme finden. Im Index enthalten sind alle handelbaren festverzinslichen öffentlichen Anleihen mit Laufzeiten über einem Jahr. Der Rentenindex ist auf die Basis 100 am 31.12.1984 definiert und besitzt eine Marktrepräsentation von um die 80%. Auch hier handelt es sich um einen Total-Return-Index.

Die Daten sind seit Januar 1985 verfügbar mit vielen Subindizes. Das ausstehende Volumen der einzelnen Anleihe muß mindestens 5 Mio US-$ betragen.

6.3.3 Merrill Lynch Global Government Bond Index

Länder:				
Australien	Kanada	Deutschland	Frankreich	Japan
Niederlande	Schweiz	Großbritannien	USA	
Laufzeiten:				
1–3	3–5	5–7	7–10 Jahre	

Dieser Index ist wohl der bekannteste internationale und enthält alle handelbaren festverzinslichen öffentlichen Anleihen mit Laufzeiten von über einem Jahr. Er umfaßt etwa 670 Werte und ist auf den 31.12.1985 mit 100 basiert. Seine Marktrepräsentation beträgt an die 66%. Er ist als Total-Return-Index verfügbar. Basierend auf diesem Index, findet man eine Vielzahl von weiterführenden Statistiken, mit denen Rentenmärkte analysiert werden.

Bei diesem Index muß das ausstehende Volumen einer Anleihe mindestens 10 Mio. US-$ betragen, um dort Aufnahme zu finden.

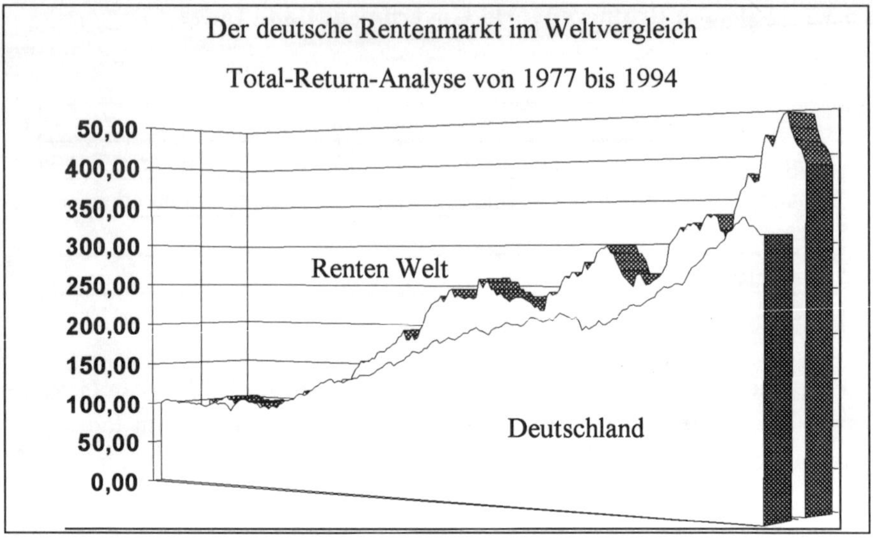

Grundlage dieser Grafik sind die Rentenindizes von Merrill Lynch, die aus Sicht eines DM-Investors, also unter Berücksichtigung der Währungsschwankungen, berechnet wurden.

Eine sinnvolle Mischung aus beiden Marktsegmenten ist sowohl hinsichtlich des Performance-Erfolges als auch unter Berücksichtigung der eingegangenen Risikostrukturen erfolgreicher. Dies und die Mittel zur Optimierung der Portfolio-Struktur werden im folgenden aufgezeigt werden.

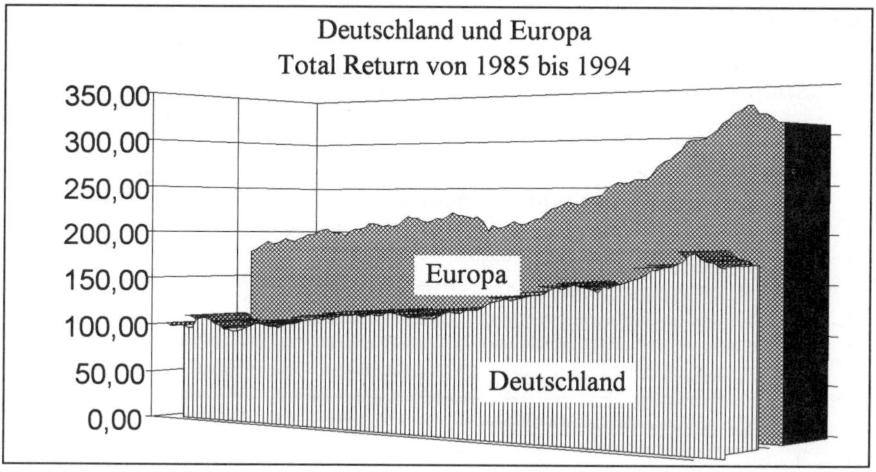

Deutschland und Europa
Total Return von 1985 bis 1994

Auch in dieser Marktsegmentanalyse sind alle Berechnungen aus DM-Sicht durchgeführt. Bei dieser Grafik wurden bewußt beide Märkte nicht auf die gleiche Basis 100 indexiert. Sie zeigt auf, daß der europäische Markt besser und stetiger verlief als der deutsche.

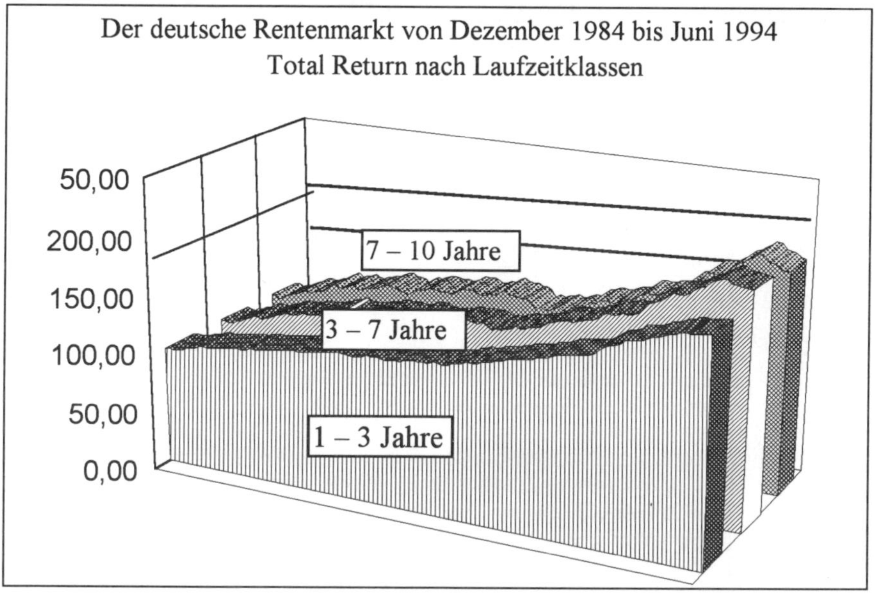

Der deutsche Rentenmarkt von Dezember 1984 bis Juni 1994
Total Return nach Laufzeitklassen

Im deutschen Markt existieren mehrere Indizes:

6.3.4 REX-Index

Diese synthetischen Anleihen bilden den REX:

Laufzeit	Kupon 6%	Kupon 7,5%	Kupon 9%	Summe
1 Jahr	3,10	1,73	2,56	7,39
2 Jahre	3,50	2,43	2,87	8,80
3 Jahre	4,06	3,03	3,16	10,25
4 Jahre	4,88	3,37	3,70	11,95
5 Jahre	4,87	3,15	4,02	12,04
6 Jahre	4,09	2,84	4,32	11,25
7 Jahre	3,82	3,02	4,79	11,63
8 Jahre	3,38	3,14	4,06	10,58
9 Jahre	3,65	2,62	3,38	9,65
10 Jahre	3,15	1,47	1,84	6,46
Summe	**38,50**	**26,80**	**34,70**	**100**

Der REX besteht also aus 30 fiktiven Anleihen mit unterschiedlichen Kupons. Aus den Kursveränderungen im Markt für Anleihen, Obligationen und Schatzanweisungen des Bundes und des Fonds „Deutsche Einheit“ wird täglich die aktuelle Zinsstrukturkurve berechnet.

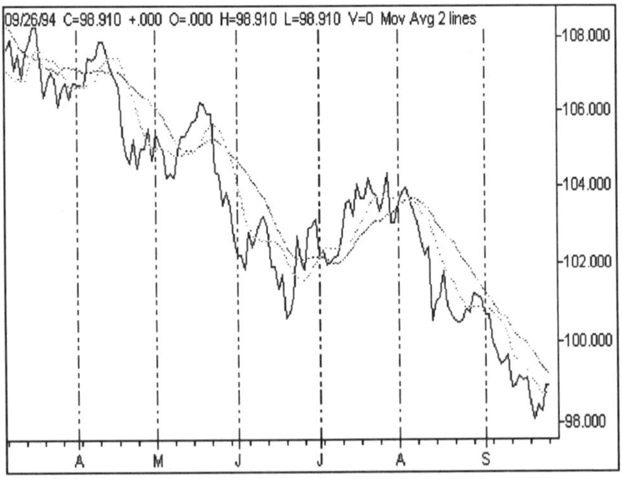

Dieser Teilmarkt beinhaltet zwar nur einen Bruchteil der emittierten Renten – er erfaßt allerdingsd 90% der Börsenumsätze. Aus der Zinsstrukturkurve werden die Kurse der 30 fiktiven, im Index enthaltenen Anleihen abgeleitet. Diese Kurse fließen dann mit den in der Tabelle angegebenen Gewichten in die Berechnung des REX ein.

Der Index ist als Kurs- und als Performance-(Total-Return-)-Index verfügbar. Er weist eine durchschnittliche Laufzeit von 5,49 Jahren und einen durchschnittlichen Kupon von 7,443% auf.

6.3.5 BHF-Rentenindex

Dieser Index weist eine Marktrepräsentation von 95% auf. In ihm sind 15 fiktive idealtypische Anleihen der Bundesrepublik mit Laufzeiten von 1, 3, 5, 7 und 9 Jahren und je drei Kupontypen (6%, 8% und 10%) enthalten.

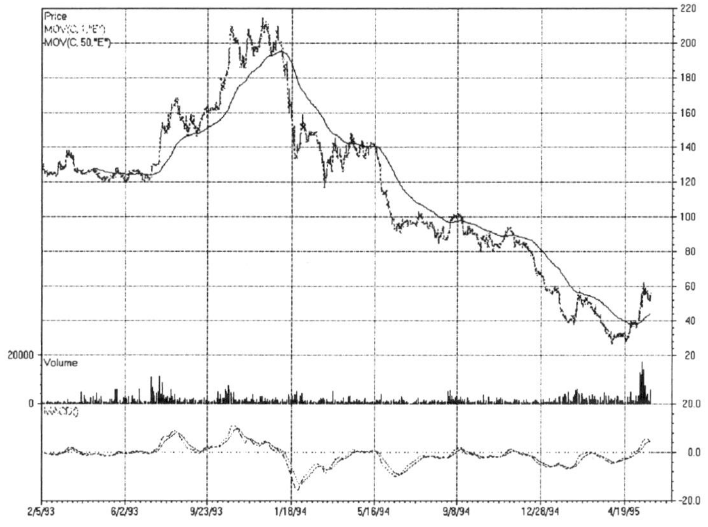

Die Ermittlung des Index erfolgt analog zum REX über die Zinsstrukturkurven im Marktsegment öffentliche Anleihen. Darin sind alle Bundes-, Bahn- und Postanleihen sowie Bundesobligationen enthalten, die liquide Handelsstrukturen und realistische Kurse aufweisen.

Aus der ermittelten Zinsstrukturkurve werden dann die Kurse der fiktiven Anleihen ermittelt. Auch dieser Index ist zusätzlich als Performance-Index verfügbar.

6.3.6 Commerzbank – Rentenindex

Dieser Index bezieht sich nicht auf öffentliche Papiere, sondern auf neu emittierte Bankschuldverschreibungen. Das Interessante hierbei ist, daß sich dieser Index nicht auf Börsennotierungen, sondern auf Abschlußdaten des Commerzbank-Rentenhandels stützt. Er ist sowohl als Preis- wie auch als Total-Return-Index erhältlich. Mit diesem Index läßt sich die Spread-Spanne zwischen dem öffentlichen Rentenmarkt und den Bankschuldverschreibungen analysieren.

Der Index enthält 30 fiktive Rententitel, deren Kurse wiederum aus den vorhandenen Zinsstrukturen errechnet werden.

Folgende drei Portfolios sollen mit unterschiedlichen Methoden auf ihren Performance-Erfolg untersucht werden. Alle drei Portfolios bestehen ausschließlich aus Rentenwerten. Die erzielte Performance wurde in einem 10-Jahres-Zeitraum realisiert.

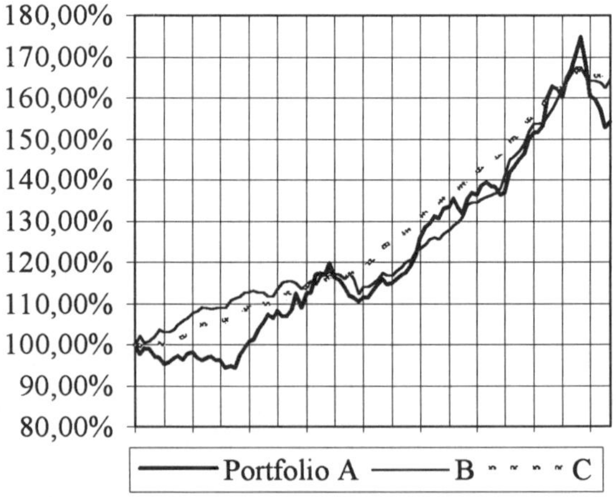

Die absoluten Zahlen werden nunmehr mit den relativen Werten analysiert. Nachfolgend sind die drei Portfolios mit ihren monatlichen Schwankungsraten in der Wertentwicklung abgebildet.

6.4 Methode Sterling

Die Sterling Ratio bemißt das Verhältnis von Drawdown zur erzielten Rendite eines Portfolios. Die Ratio wurde von Dean Jones entwickelt und errechnet sich folgendermaßen:

$$\text{Sterling Ratio} = \frac{\varnothing \text{Rendite}_{3\ \text{Jahre}}}{-1 \ * \ \text{maximaler Drawdown}_{3\ \text{Jahre}} + 10}$$

Dadurch, daß diese Maßzahl auf Jahresbasis gerechnet wird, reagiert sie unter Umständen zu schwerfällig auf Performance-Änderungen im Portfolio. Dies führt dann zu einer späten Reaktionsmöglichkeit des Portfolio-Managers.

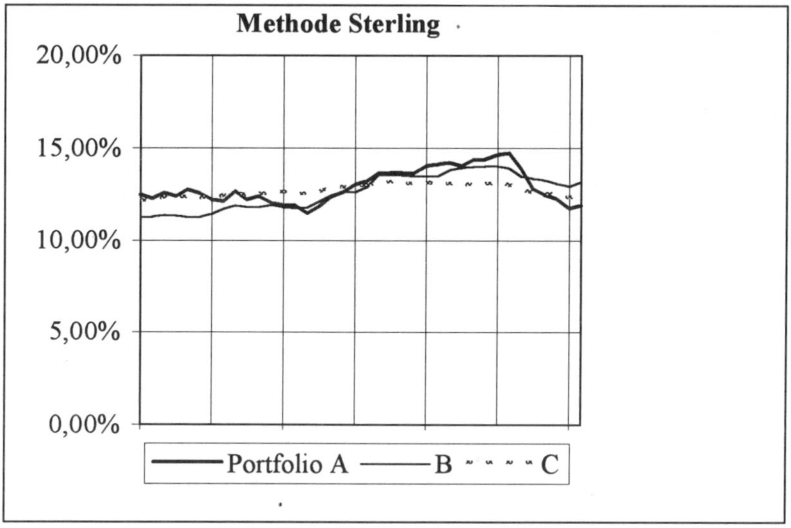

In der Grafik wurde die Ratio auf Monatsbasis analysiert. Es wird deutlich, daß zwischen den drei Portfolios Favoritenwechsel stattfinden, die auch von mittelfristiger Natur sind. Auf Jahresbasis würde die Maßzahl viel zu spät und teilweise sogar kontraproduktiv wirken, wenn man sie als Allokationskennziffer verwendet – also konsequent bei einem Vergleich zwischen den Maßzahlen von einer Asset-Struktur in die andere wechseln würde.

6.5 Methode Treynor

Treynor benutzt für die Analyse statt des Drawdown oder der Standardabweichung den Beta-Faktor.

$$\text{Treynor} = \frac{\text{Performance - risikoloser Zins}}{\text{Betafaktor Portfolio}}$$

Hintergrund der Überlegungen von Treynor ist es, die Bewertungen auf der Grundlage der Marktstärke des Portfolios vorzunehmen. Der risikolose Zinssatz ist entweder ein Tagesgeld/Monatsgeldzins oder der Zinssatz für die laufzeitadäquate, risikolose Geldanlage beispielsweise in Staatspapieren. Für den deutschen Markt sind unter anderem Termingeld unter Banken, Finanzierungsschätze oder Bundesschatzbriefe denkbar.

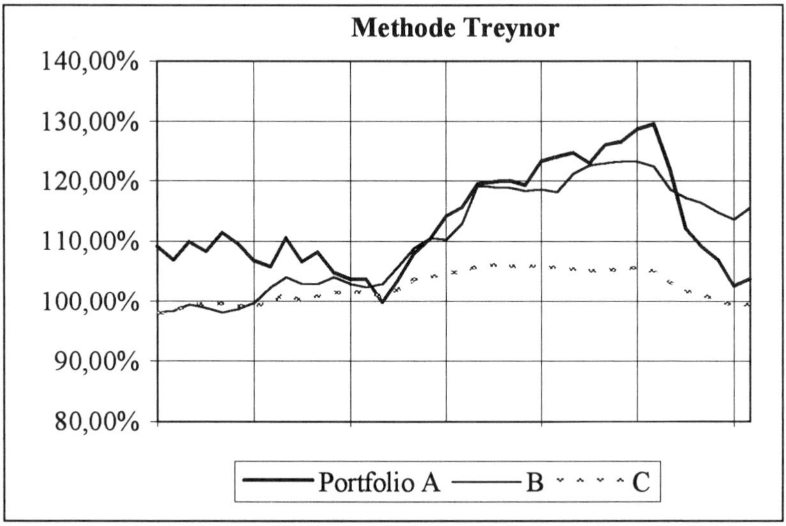

Portfolio A weist einen Beta-Faktor von 1,1, B von 1,2 und C einen Beta-Faktor von 0,95 auf. Durch die Bewertung über das Beta des Portfolios entstehen hier wiederum völlig andere Bewertungsprofile als beim vorherigen Ansatz.

6.6 Methode Calmar

$$\text{Calmar Ratio} = \frac{\varnothing \text{Rendite}_{\text{Periode}}}{\text{maximaler Drawdown}_{\text{Periode}}}$$

Die gebräuchliche Periode sind 30 Monate, diese Kennzahl wird monatlich errechnet. Negative Performance-Ergebnisse werden bei der Berechnung gleich Null gesetzt. Dies bedeutet, daß eine negative Calmar Ratio eine negative Performance über die letzten 3 Jahre aufzeigt. Aus diesem Grund ist es wichtig, jeden Abwärtstrend in dieser Kennziffer aufmerksam zu beobachten.

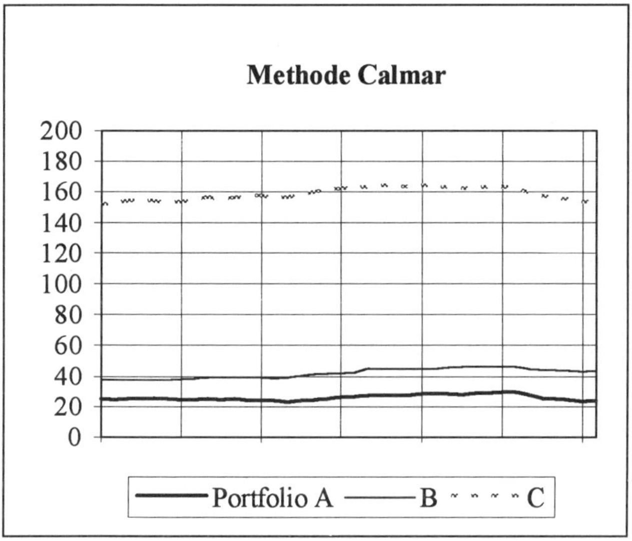

6.7 Methode Sharpe

Sharpe geht von einem risikolosen Portfolio aus. Um die Qualität des Managements zu beurteilen, reicht nicht nur die reine Performance-Leistung aus. Es muß nach Sharpe ebenfalls das eingegangene Risikolevel gewürdigt werden. Dies erreicht man dadurch, daß man mißt, welcher Mehrertrag pro eingegangener Risikostufe (= Standardabweichung) angefallen ist.

$$\text{Sharpe} = \frac{\text{Performance - risikoloser Zins}}{\text{Standardabweichung Portfolio}}$$

Es gilt folgender Zusammenhang:

- Je höher die Sharpe Ratio ist, umso größer ist die Rendite
- Je höher die Sharpe Ratio ist, desto niedriger liegt die Volatilität

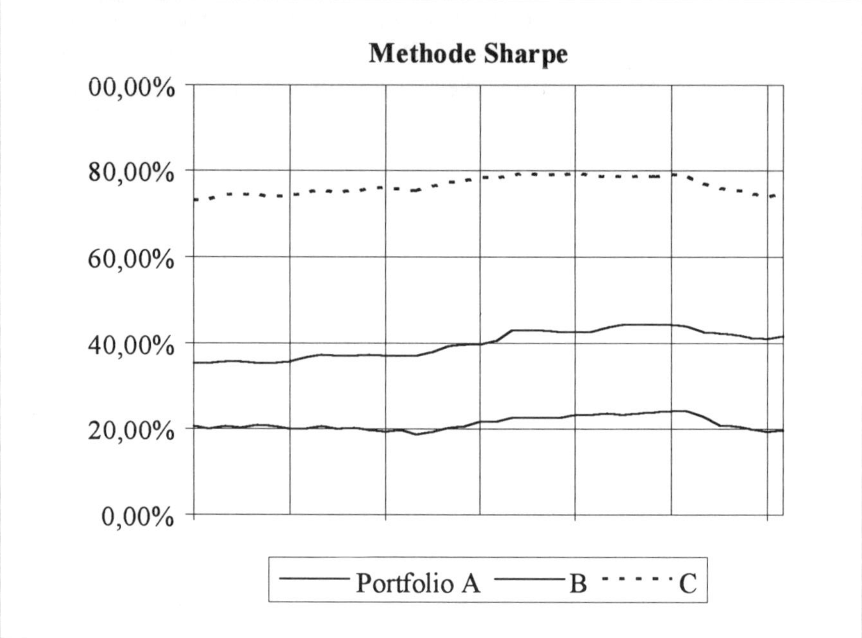

Die Sharpe Ratio wird normalerweise monatlich kalkuliert – das System mit der höchsten Sharpe – Ratio ist im allgemeinen das sinnvollere. Bei der Bewertung ist es zweckmäßig, Einzeltitel oder Märkte mit identischem Volatilitätslevel zu vergleichen und die Entwicklung der Volatilitäten konstant zu überwachen, da sich bei einer Erhöhung der Volatilität die Ratio vermindert.

Man kann nun noch messen, inwieweit die Abweichung von der Marktstruktur, also beispielsweise eines Rentenmarktindex oder einer anders gearteten Benchmark erfolgreich war.

Dies geschieht durch die sogenannte R-V-R:

Reward-to-**V**ariability-**R**atio =
riskobereinigter Mehrertrag Portfolio – riskobereinigter Mehrertrag Rentenindex

6.8 Wertung der diversen Methoden

Die aufgezeigten Möglichkeiten können als Denkanstöße in viele Richtungen gesehen werden. In Zukunft werden im quantitativen Bereich neue Techniken mehr Bedeutung gewinnen als bisher. Welche Bewertungsmaßzahl man für die Allokation verwenden wird, ist wichtig. Noch bedeutsamer bleiben das immanente Beobachten der festgelegten Kriterien und die Ableitung von Handlungsmaximen daraus. Es muß ein Regelwerk definiert werden, anhand dessen konsequent zu positionieren ist.

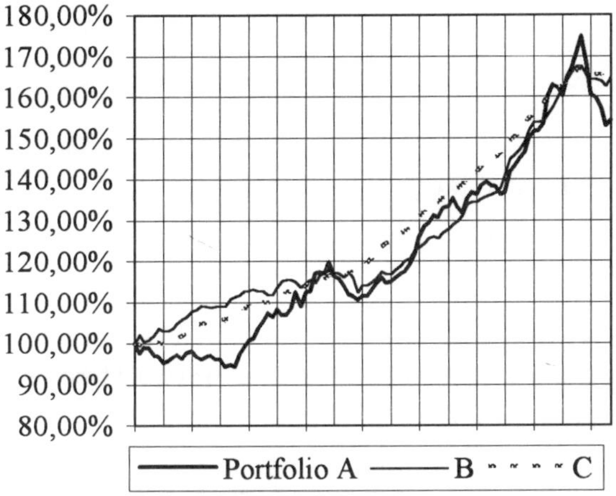

Die reine Betrachtung der erzielten Performance reicht nicht aus – es sollte zumindest für eine zweidimensionale Betrachtung das eingegangene Risikolevel berücksichtigt werden. Wie bereits in der Analyse von Trading-Systemen dargelegt, ist auch der mathematische Erwartungswert für ein dauerhaft erfolgreiches Allokieren eine wichtige Größe. Die vorgestellten Werkzeuge untersuchen diese Zusammenhänge auf unterschiedlichen Wegen und mit variierenden Zielsetzungen. Dennoch sind alle brauchbar.

Relative Analyse der erzielten Performance			
Methode	Portfolio A	Portfolio B	Portfolio C
Sterling	12,89%	12,58%	12,68%
Treynor	112,99%	110,43%	102,24%
Calmar	25,66	41,82	158,36
Sharpe	21,27%	39,77%	76,47%

7 Einordnung des Depot A-Managements in die Bankbilanz

7.1 Risikostrukturen des Bankgeschäftes

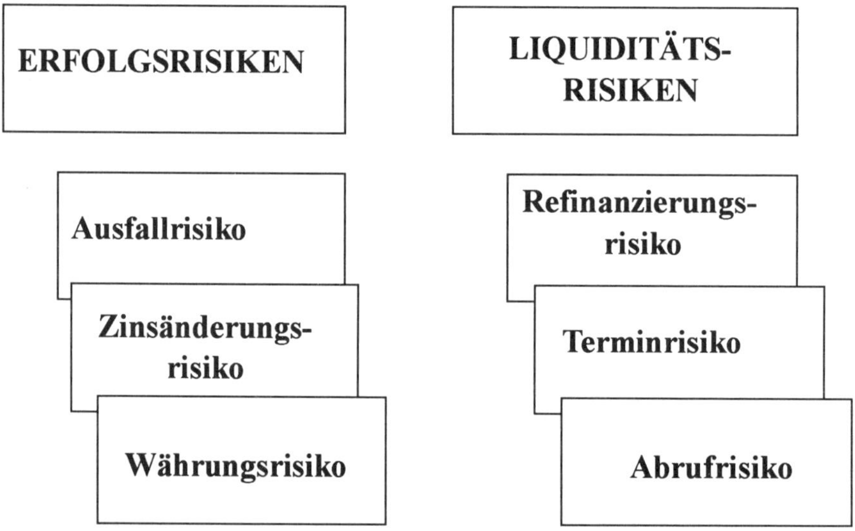

Die Risiken im Bankgeschäft bestimmen sich aus der besonderen Geschäftsausrichtung im Rahmen von Geldbeschaffung auf der Passivseite und der Mittelvergabe im Kreditgeschäft respektive in den Eigenanlagen der Banken, dem sogenannten Depot A.

Nachfolgend wird ein Kalkulationschema dargelegt, das zugegebenermaßen recht grob die Ergebnisplanung eines Kreditinstitutes aufzeigt:

Zinserlöse aus Kreditgeschäften
+ laufende Erlöse aus Wertpapieren (Depot A) und Beteiligungen
– Zinskosten (inkl. kalkulatorische Eigenkapital-Kosten)
= *kalkulatorischer Zinsüberschuß*
+ ordentliche Kursgewinne
– durchschnittliche Risikokosten
= *kalkulatorischer Fehlbetrag (Überschuß) im zinsabhängigen Geschäft*
+ Gebühren- und Provisionserlöse
= *kalkulatorischer Rohgewinn aus Zins- und Provisionsgeschäften*
– Personalkosten
– Sachkosten
– Afa auf Sachanlagen
– Kostensteuern
– sonstige Kosten Betriebsbereich
= *kalkulatorisches Betriebsergebnis*

Die Abschätzung der Zinsentwicklung wird in diesem Zusammenhang für eine Bank zu einer der wichtigsten unternehmerischen Entscheidungen am Beginn des Planungszeitraums. Nicht nur die Elastizität der Bestände im eigenen Portfolio muß überwacht werden mittels Duration und anderer Hilfsmittel. Auch die Reagibilität der ganzen Bankbilanz auf Zinsveränderungen muß bekannt sein, da diese neben dem Depot A den Gewinn/Verlust am Jahresende bestimmt. Hierfür wurden verschiedene Methoden entwickelt.

7.2 Die Schichtenbilanzmethode

Dieser liegt die Idee zugrunde, daß zwischen passiver Mittelbeschaffung und aktivischer Mittelverwendung ein Verursachungszusammenhang besteht. Somit können zwischen einzelnen Aktiv- und Passivpositionen sinnvolle Verknüpfungen hergestellt werden. Diese Verknüpfungen sind in folgender Form üblich:

- goldene Bankregel/Liquiditätsprinzip
  Kapitalbeschaffung und Kapitalverwendung müssen einander in ihrer Fristigkeit entsprechen (Restlaufzeiten bzw. Bodensatz der Passivseite dienen als Bewertungsmaßstab).

- Rentabilitätsprinzip
  Die Aktiva und Passiva werden nach ihrer Ertragskraft gegliedert und einander gegenübergestellt; es entsteht hierbei das Problem der "Schichtenüberhänge".

- gesetzliche Anlage- und Finanzierungsvorschriften
  Grundsatz II und III des Bundesaufsichtsamtes für das Kreditwesen.

7.3 Die Marktzinsmethode

Die Marktzinsmethode arbeitet nach dem Opportunitätsprinzip. Das bedeutet, jedes Bankgeschäft, sowohl auf der Einlagen- als auch auf der Aktivseite der Bank, wird als isolierter Erfolgsfaktor betrachtet. Jedes Bankgeschäft leistet also einen unabhängigen Beitrag zum Gesamterfolg einer Bank. Dieser Beitrag wird aufgeteilt in einen Strukturbeitrag (der durch die Fristentransformation entsteht) und einen Konditionsbeitrag (der durch das Ausnutzen von Zinsdifferenzen Interbankgeschäft/Kundengeschäft erzielt wird).

Der Strukturbeitrag:
Die aus unterschiedlichen Zinsbindungsdifferenzen resultierenden Zinsunterschiede können von einer Bank genutzt werden, indem sie Geld kürzerfristig aufnimmt und längerfristig anlegt. Hieraus entsteht allerdings auch ein erhebliches Zinsänderungsrisiko; hierdurch kann sich die Fristenprämie reduzieren oder sogar negativ werden.

Zinsstruktur/ Fristentransformation	**normal**	**invers**
Aktivüberhang im lang-fristigen Bereich	positiv	*negativ*
Passivüberhang im lang-fristigen Bereich	*negativ*	positiv

Dies soll an einer Bank demonstriert werden, die nur am Geld- und Kapitalmarkt operiert, sich also keinerlei Kundengeschäfts bedient:

Geld/Kapitalmarkt Zinsertrag	Zinssatz	AKTIVA	PASSIVA	Geld/Kapitalmarkt Zinssatz	Zinsaufwand
2,2	5,5	40 3-Monats-Geld	20 Tagesgeld	4,0	0,8
4,5	7,5	60 Kapitalmarkt-papier 5 Jahre	80 Interbanken-Jahresgeld	6,0	4,8
6,7	6,7	Fristentransformationsbeitrag + 1,1%		5,6	5,6

Die Bank erwirtschaftet dadurch, daß sie kurzfristiger refinanziert, als sie anlegt, einen positiven Strukturbeitrag von 1,1%.

Dieses grobe Ergebnis wird nun noch näher untersucht, indem man einen Referenzzinssatz gegenüberstellt. Hierdurch errechnet man die Prämie, die jemand erhält, wenn er auf den Vorteil jederzeitiger Verfügbarkeit verzichtet und sein Geld längerfristig vergibt; bzw. man erhält den Betrag, der bezahlt werden muß, wenn man längerfristiges Geld benötigt. Zweckmäßigerweise ist dieser Referenzzinssatz der Tagesgeldsatz, da er am untersten Ende der Zinsstrukturkurve steht.

Bilanzposition	Zinssatz	Referenz-satz	Marge	Volumen	Zins-beitrag
		Tagesgeld			
3-Monats-Geld	5,50%	4,00%	1,50%	40	0,6
5-Jahres-Bond	7,50%	4,00%	3,50%	60	2,1
Tagesgeld	4,00%	4,00%	0,00%	20	0
Interbanken-Jahresgeld	6,00%	4,00%	– 2,00%	80	– 1,6
insgesamt			**0,55**	**200,00**	**1,10**

Auch bei inverser Zinsstruktur ändert sich die Verfahrensweise bei der Strukturbeitragsermittlung nicht:

Geld-/Kapital-markt Zinsertrag	Zinssatz	AKTIVA	PASSIVA	Geld-/Kapital-markt Zinssatz	Zinsaufwand
4,0	10,0	40 3-Monatsgeld	20 Tagesgeld	12,0	2,4
5,1	8,5	60 Bond 5 Jahre	80 Interbanken-Jahresgeld	9,0	7,2
9,1	9,1	Fristentransformationsbeitrag – 0,5%		9,6	9,6

Bilanzposition	Zinssatz	Referenzsatz	Marge	Volumen	Zinsbeitrag
		Tagesgeld			
3-Monats-Geld	10,00%	12,00%	– 2,00%	40	– 0,8
5-Jahres-Bond.	8,50%	12,00%	– 3,50%	60	– 2,1
Tagesgeld	12,00%	12,00%	0,00%	20	0
Interbanken-Jahresgeld	9,00%	12,00%	3,00%	80	2,4
insgesamt			**– 0,25**	**200,00**	**– 0,50**

Es wird deutlich, daß der Erfolg eines Kreditinstitutes ganz entscheidend von dem richtigen Einschätzen der Zinsentwicklung abhängt. Vorüber gehend kann auch in die Zinsentwicklung „investiert“ werden. Dies ist dann von Vorteil, wenn die aktuelle Zinssituation als schnell veränderlich eingeschätzt wird. Für die nahe Zukunft werden Verluste eingegangen, um in der folgenden Zinsphase langfristige Erträge zu sichern.

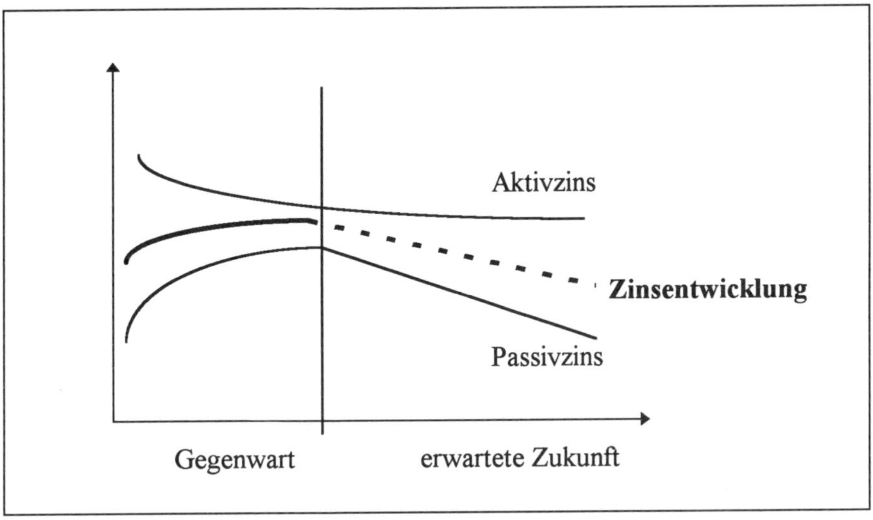

Es werden in der Gegenwart konsequent langfristige Aktivpositionen aufgebaut, die aktuell zu niedrigen Konditionen angeboten werden. Hierdurch wird als angenehmer Zusatzeffekt ebenfalls der Marktanteil des Institutes vergrößert, da die Konditionen in aller Regel günstiger als bei Mitbewerbern angeboten werden können. Trifft die Zinsprognose ein, so hat sich die Bank einen komparativen Vorteil gesichert: Durch den hohen Anteil langfristiger Festzinspositionen wird die Reaktion der Aktivseite der Bankbilanz auf die sinkenden Zinsen deutlich langsamer, als die Passivseite. Dieser Spread wird im Zeitablauf immer größer – er kann aber nicht ins Unendliche fortgedacht werden.

Irgendwann ist ein Niveau im Zins erreicht, bei dem sich der sinkende Zinstrend wieder umkehren kann. Hier ist dann anders zu „investieren“:

Langlaufende Passivpositionen werden aufgebaut und der Anteil der variablen Aktiva wird erhöht. Aktuell weist diese Situation wiederum Ertragsnachteile auf, die in der naheliegenden Zukunft allerdings mehr als ausgeglichen werden sollten. Der aktivisch erzielte Zinsertrag wächst dynamisch an, da er mit dem Zinstrend an den Märkten nach oben geht. Die Geldeinstandskosten auf der Passivseite der Bilanz wachsen im Zuge des Zinstrends zwar ebenfalls, die Progression der Zinskosten fällt schwächer aus.

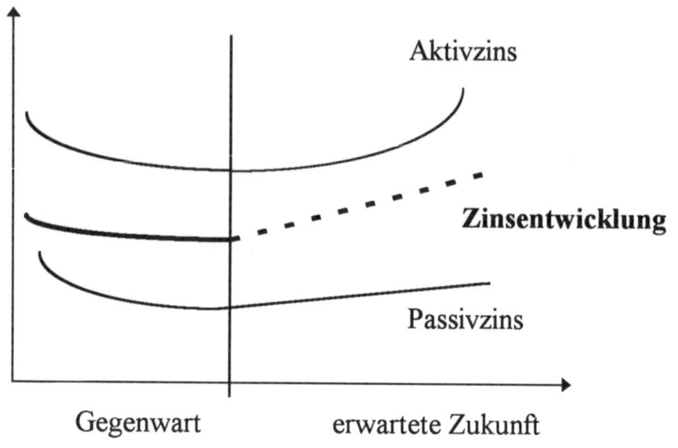

Diese Vorgehensweise ist mit Unsicherheit behaftet und birgt demzufolge ein gewisses Risiko. Jedes Haus sollte für sich einschätzen, wie hoch die materielle Belastbarkeit aus diesem Risiko ist.

Dies kann für jede Aktiv- und Passivposition isoliert ermittelt werden, wenn man nach dem folgenden Schema vorgeht:

Es gilt:

Strukturbeitrag Aktivgeschäft:
= (zugehöriger Geld-/Kapitalmarktsatz – Tagesgeldsatz) * Volumen

Strukturbeitrag Passivgeschäft
= (Tagesgeldsatz – zugehöriger Geld-/Kapitalmarktsatz) * Volumen

Der *Strukturbeitrag* wird also bestimmt durch die *Zinsstrukturen* am Geld- und Kapitalmarkt und von den *Fristenstrukturen* aller Aktiv- und Passivengagements der Bank. Eine Bank, die keine Fristeninkongruenzen eingeht, wird auch aus der Laufzeitstruktur keine positiven Erträge erzielen. Die Fristentransformation muß allerdings immer in Einklang mit der jeweiligen Zinsstruktur der Märkte stehen.

Wie verändert sich das Zinsergebnis, wenn statt einer Kapitalmarktanlage ein Kundengeschäft getätigt wird?

Ein Kreditgeschäft bringt höhere Erlöse als die alternative Anlage am Kapitalmarkt – ein Einlagengeschäft wird niedrigere Zinskosten verursachen als eine alternative Geldaufnahme am Geld- oder Kapitalmarkt. Dieser Ergebnisfaktor wird mit dem *Konditionsbeitrag* gemessen:

Konditionsbeitrag Aktivgeschäft
= (vereinbarter Zinssatz – alternativer GKM-Satz) * Volumen

Konditionsbeitrag Passivgeschäft
= (alternativer GKM-Satz – vereinbarter Zinssatz) * Volumen

Bilanzposition	vereinbarter Satz	Referenzsatz	Marge	Volumen	Zinsbeitrag
5 jähriger Kredit	9,50%	8,00%	1,50%	10.000	150
1 jähriger Kredit	8,00%	7,00%	1,00%	10.000	100
Termineinlage 3 Monate	5,00%	6,50%	1,50%	8.000	120
Spareinlage	4,00%	7,50%	3,50%	12.000	420
insgesamt			**1,98**	**40.000**	**790**

Durch die Verknüpfung von Kreditgeschäftsvolumen mit Derivativen könnte eine Bank Ertragsrisiken aus Zinsveränderungen neutralisieren. Diese Neutralisierung wird dann so lange aufrechterhalten, bis die erwartete Zinsentwicklung eintrifft und keine Absicherung mehr erforderlich ist. Ein Problem liegt allerdings darin, daß die Werthaltigkeit eines Kreditengagements nicht nur von der Marktzinsentwicklung, sondern auch von der zugrundeliegenden materiellen und personellen Bonität des Kreditnehmers abhängt.

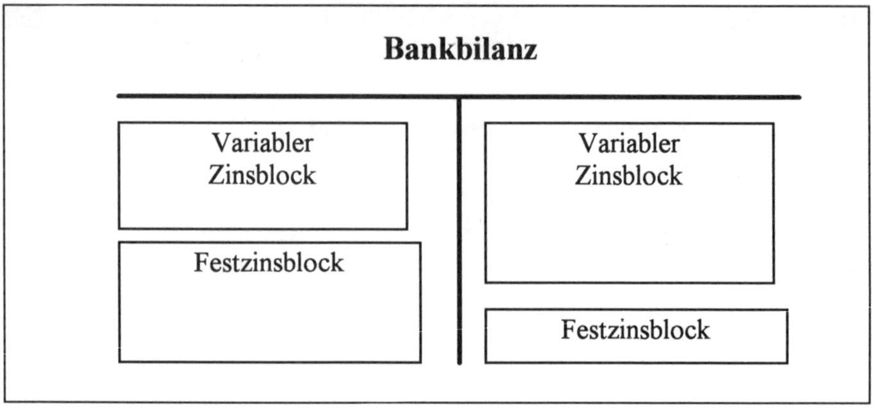

Bei steigenden Zinsen ist es sinnvoll, sich über Futures abzusichern, da auf der Aktivseite der Festzinsblock im Kreditgeschäft dafür sorgt, daß dort fixierte Zinserträge anfallen – während auf der Passivseite die Zinsstruktur variabel ist. Damit verteuert sich für die Bank bei steigenden Zinsen die Mitteaufnahme über die Passiva, da dort höhere Zinsen an die Geldeinleger zu zahlen sind. Insgesamt ist die Bank von ihrer Fristigkeitsstruktur her also einem Ertragsrisiko bei steigenden Zinsen ausgesetzt.

Fallen die Zinsen hingegen, so ist die derzeitige Struktur für die Bank profitabel. Sie könnte die Zinsmarge noch erhöhen, indem sie Derivate verkauft. Durch bankaufsichtsrechtliche Vorschriften sind die Banken in den diesbezüglichen Möglichkeiten stark eingeschränkt.

7.4 Adjustierung der Zinselastizitäten

Neben den Eigenanlagen einer Bank sind noch weitere Bilanzpositionen mit Reagibilität auf schwankende Marktzinsen vorhanden. Nur um diese geht es im folgenden. Denn Festzinspositionen, wie ausgereichte Festdarlehen oder vereinnahmte Festanlagen von Kunden, die auf mehrere Jahre laufen, spielen hier keine Rolle. Sie weisen eine Zinsanpassungselastizität von 0 auf. Allgemein gilt:

$$\text{Zinsanpassungselastizität} = \frac{\wedge\text{Positionszins}}{\wedge\text{Tagesgeldzins}}$$

Die Kennziffer wird folgendermaßen interpretiert: Bei den Kontokorrentkrediten einer Geschäftsbank betrage die Zinsanpassungselastizität 0,8. Dies bedeutet, daß sich eine unterstellte Veränderung des Tagesgeldes durchschnittlich um den Faktor 0,8 auf den Positionszins dieser Kreditart auswirkt. Also würde ein Anstieg des Tagesgeldes um 1% eine Erhöhung des Kontokorrentzinssatzes um 1% * 0,8 = 0,8% nach sich ziehen.

Refinanziert sich eine Bank ausschließlich über Tagesgeld und reicht dieses Bankinstitut ebenfalls nur Kontokorrentkredite aus, so führt eine derartige Elastizitätsstruktur zu Verlusten, wenn die Marktzinsen steigen. Umgekehrt ist eine derartige Konstellation bei einem Renditeverfall an den Zinsmärkten für dieses Institut vorteilhaft. Da eine Bank diverse Fristigkeiten und Elastizitäten in ihrem Geschäft miteinander verbindet, empfiehlt sich folgende Vorgehensweise:

1. Aufstellen einer Zinsbindungsbilanz, die die Fristigkeiten der Aktiv- und Passivseite der Bilanz nochmals unterteilt in Festzins-/Variabel-Zinspositionen.
2. Aufstellen einer Zinselastizitätsbilanz, die auf die Quantität und Elastizität der einzelnen Bilanzpositionen abstellt.
3. Vergleich der unterschiedlichen Elastizitätsschichten miteinander hinsichtlich ihrer Auswirkung auf die Erfolgsrechnung in einem abgeschätzten Zinsszenario.

Aktivseite	Passivseite
Festzinsblock	Festzinsblock
Festzinsblock	Variabler Zinsblock
Variabler Block	Variabler Block

Ergebnis ist ein positiver oder negativer Elastizitätssaldo, der anzeigt, in welchem Verhältnis der durchschnittliche Aktivzins im Vergleich zum Passivzins auf Marktzinsveränderungen reagiert. Das eigene Wertpapier-Portfolio kann in diesem Zusammenhang als Regulativ eingesetzt werden, wenn der Aktivzins reagibler werden soll. Eine weitere Möglichkeit der Absicherung des Institutes gegen unerwünschte Zinsbewegungen wäre das Hedgen der Bankbilanz über Zinsfutures. Dem steht allerdings das rigide Aufsichtsrecht entgegen.

Andere Möglichkeiten zur Veränderung der aktivischen Zinsanpassungselastizität wären beispielsweise die Erhöhung des Anteils der festverzinslichen Aktiva zu Lasten der variabel verzinslichen Aktivpositionen oder das Ausbauen von Aktivpositionen mit sehr niedriger Zinselastizität. Auch passivisch lassen sich Elastizitäten erhöhen durch Steigerung des Anteils von Termingeldeinlagen und anderer variabel verzinslicher Einlagearten bei einer Bank.

Literaturverzeichnis

Ang, J. S., Bond Rating Methods: Comparisons and Validation, The Journal of Finance, Mai 1975

Appel, G., The Moving Average Convergence/Divergence Trading Method – Advanced Version, Scientific Investment System, 1985

Babcock, B., The Dow Jones-Irwin Guide to Trading Systems, Dow Jones-Irwin 1989

Baum, B., Rating-Systeme und ihre Methoden, Bonn 1987

Bayerische Hypotheken- und Wechsel-Bank AG, Rendite- und Risikomessung im modernen Bond-Portfolio-Management, 1992

Benke, H., Benchmarkorientierung im Zinsmanagement, Die Bank, Nr. 2, 1993

Berger, M,. Hedging: effiziente Kursabsicherung festverzinslicher Wertpapiere mit Finanzterminkontrakten, 1990

Bierwag, G., Immunization, Duration and the Term Structure of Interest Rates, Journal of Financial and Quantitative Analysis, September 1977

Brown, S./Kritzman, M., Quantitative Methods for Financial Analysis, 1987

Cohen, A., How to Use the Three-Point-Method of Point-and-Figure Stock Market Trading, Chartcraft, 1972

Cohen, J./Zinbarg, E./Zeikel, A., Investment Analysis and Portfolio Management, 1977

Colby, R./Meyers, T., The Encyclopedia of Technical Market Indicators, Dow Jones-Irwin, 1988

Deutsche Bank AG, Immunisierungsstrategien. Möglichkeiten zur Begrenzung des Zinsänderungsrisikos festverzinslicher Wertpapiere über einen bestimmten Zeitraum, Frankfurt 1990

Deutsche Bundesbank, Statistische Beihefte zu den Monatsberichten der Deutschen Bundesbank, Nr. 1, 1993

De Villiers, V., The Point-and Figure-Method of Anticipating Stock Price Movements, Trader Press, 1966

Dialynas, C., Bond Yield Spreads Revised, Journal of Portfolio Management, Nr. 2, 1988

Diller, S., Analyzing the Yield Curve. A New Approach, Financial Analysts Journal, Nr. 37, 1981

Douglas, L., Yield Curve Analysis, 1988

Elton, E./Gruber, M., Modern Portfolio Theory and Investment Analysis, 1987

Eng, W., The Technical Analysis of Stocks, Options and Futures, Probus Publishing, 1988

Fabozzi, F./Fabozzi, T., Bond Markets, Analysis and Strategies, Englewood Cliffs 1989

Fabozzi, F., Managing Institutional Assets, The Institutional Investors Series of Finance, 1990

Fong, H./Pearson, C./Vasicek, O., Bond Performance, Analyzing Sources of Return, The Journal of Portfolio Management, Nr. 3, 1983

Gallacher, W., Winner Takes All: A Privateers Guide to Commodity Trading, Midway Publications, 1983

Hochheimer, F., Computerized Trading Techniques, Merrill Lynch Commodities, 1982

Hochheimer, F., Channels and Crossovers: An Explanation and Computerized Testing of Commoditiy Trading Techniques, Technical Analysis in Commodities, 1980

Ibbotson, R./Corwin, M., Quantitative Methods in Fixed Income Analysis, 1987

Katz, S., The Price Adjustment Process of Bonds to Rating Reclassifications: A Test of Bond Market Efficiency, The Journal of Finance Nr. 29, 1974

Kaufmann, P., The New Commodity Trading Systems and Methods, 1987

Lambert, D., Commodity Channel Index: Tool for Trading Cyclic Trends, Commodities, October 1980

Leibowitz, M./Weinberger, A., Contingent Immunization, Financial Analysts Journal, November 1982 – Februar 1983

Lane, G., Lane's Stochastics, Technical Analysis of Stocks and Commodities, 1989

Markowitz, H., Portfolio Selection – Efficient Diversification of Investments, 1959

Murphy, J., Technical Analysis of the Futures Markets, New York Institute of Finance, 1986

Notis, S., User's Manual for Professional Breakout System, Byte Research and Trading, 1989
Platt, R., Controlling Interest Rate Risk: New Techniques and Applications for Money Management, 1986
Pring, M., Technical Analysis Explained, McGraw-Hill, 1985
Sharpe, W., Investments, Englewood Cliffs 1985
Shiller, R., Market Volatility, Cambridge/London 1989
Stein, J., Learning to Swing to Momentum with Stochastic Signals, Futures, Mai 1989
Sweeny, J., Using Maximum Adverse Excursions for Stops, Technical Analysis of Stocks and Commodities, Februar 1988
Vasicek, O., An Equilibrum Characterization of the Term Structure, Journal of Financial Economics, Nr. 5, 1977
Vince, R., Portfolio Management Formulas, John Wiley & Sons, 1990
Wilder, J., New Concepts in Technical Trading Systems, Trend Research, 1978
Wright, Ch., The Magic of Setup and Entry, System Trading and Development Newsletter 1, Oktober 1989
Young, T., Introducing the Calmar Ratio, Technical Traders Bulletin 3, Nr. 9, 1991